陳萬雄 著

成吉思汗原鄉紀遊

另一種文明的體驗

商務印書館

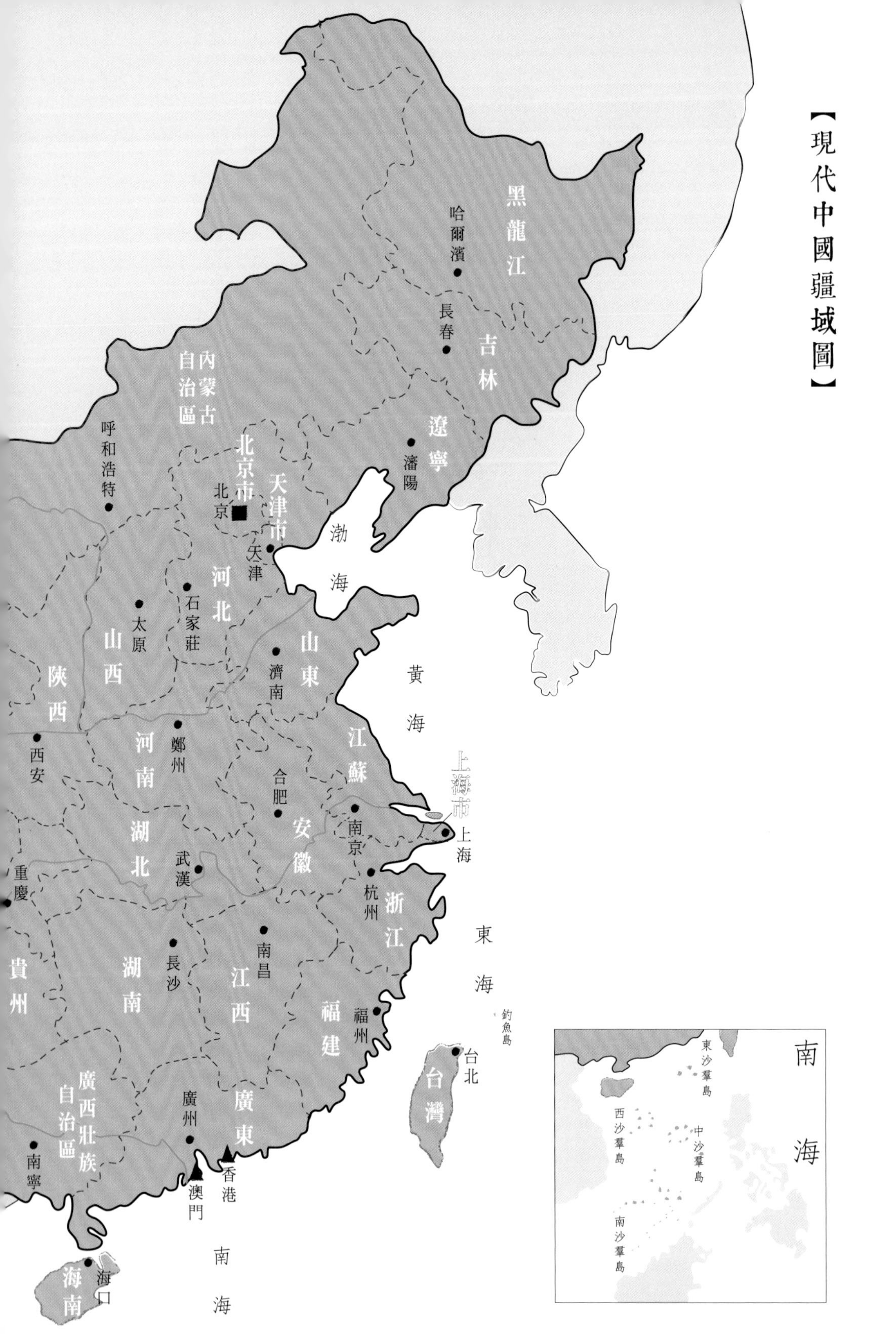
【現代中國疆域圖】
黑龍江
哈爾濱
吉林
長春
遼寧
瀋陽
內蒙古自治區
呼和浩特
北京市
北京
天津市
天津
渤海
河北
石家莊
山西
太原
山東
濟南
黃海
陝西
西安
河南
鄭州
江蘇
南京
上海市
上海
安徽
合肥
湖北
武漢
重慶
浙江
杭州
東海
釣魚島
湖南
長沙
江西
南昌
貴州
福建
福州
台灣
台北
廣西壯族自治區
南寧
廣東
廣州
香港
澳門
海南
海口
南海
東沙羣島
西沙羣島
中沙羣島
南沙羣島

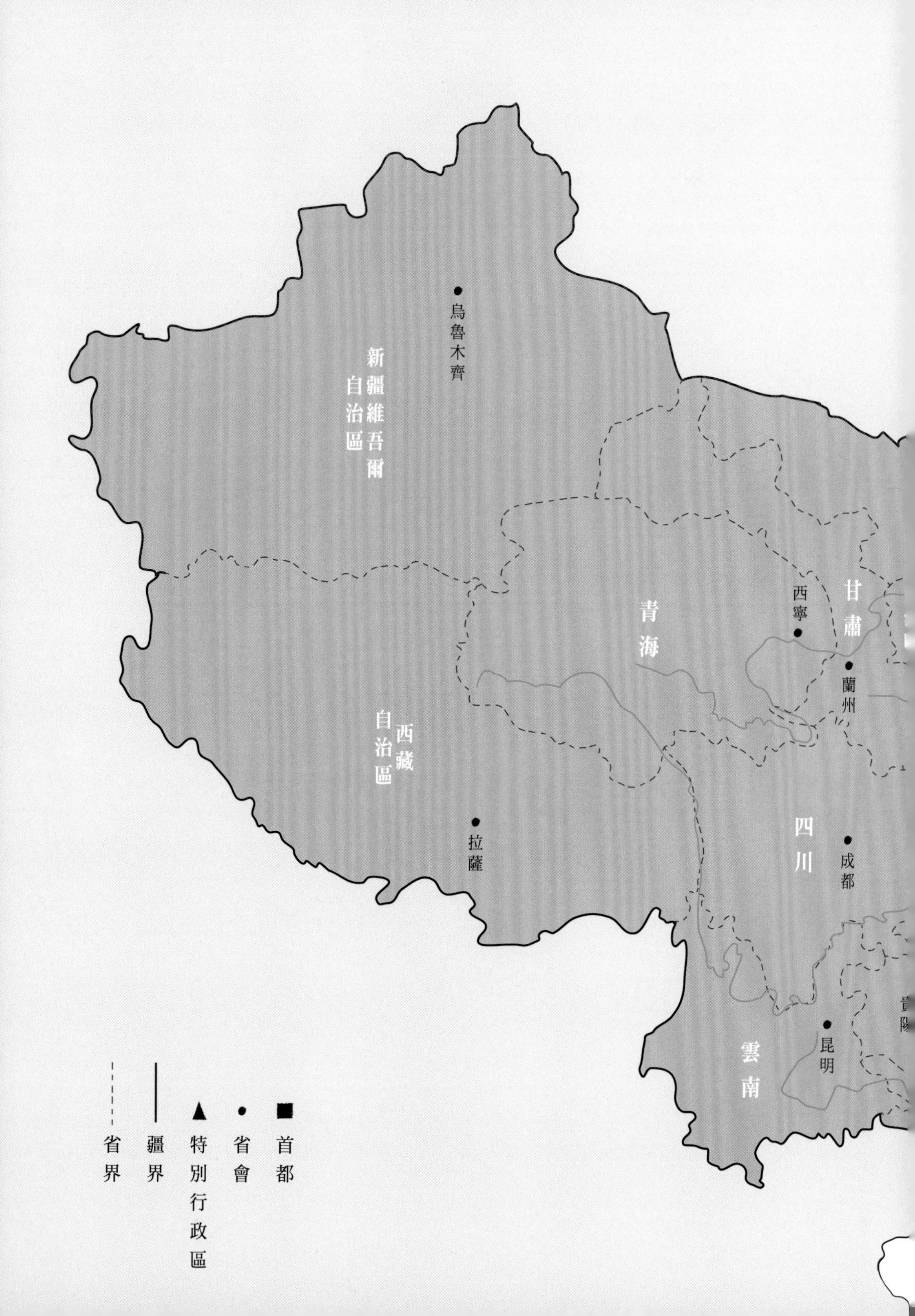

烏魯木齊
新疆維吾爾自治區
西藏自治區
拉薩
青海
西寧
甘肅
蘭州
四川
成都
雲南
昆明
首都
省會
特別行政區
疆界
省界

【內蒙古自治區地勢示意圖】

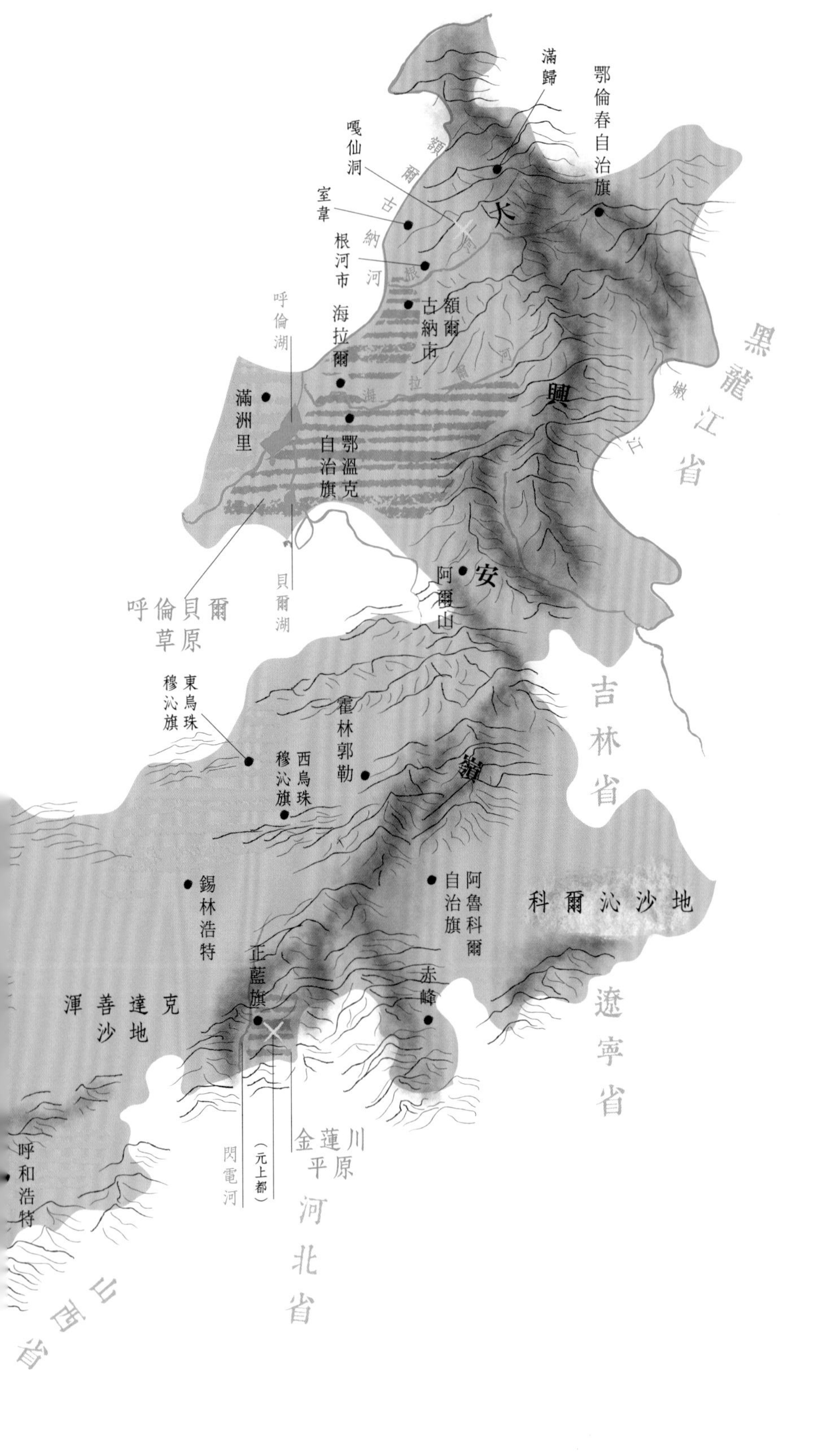

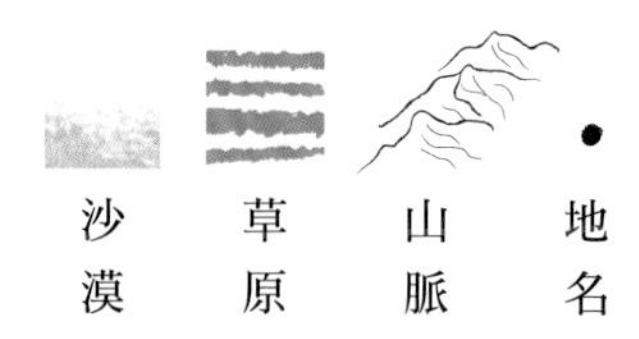
沙漠
草原
山脈
地名

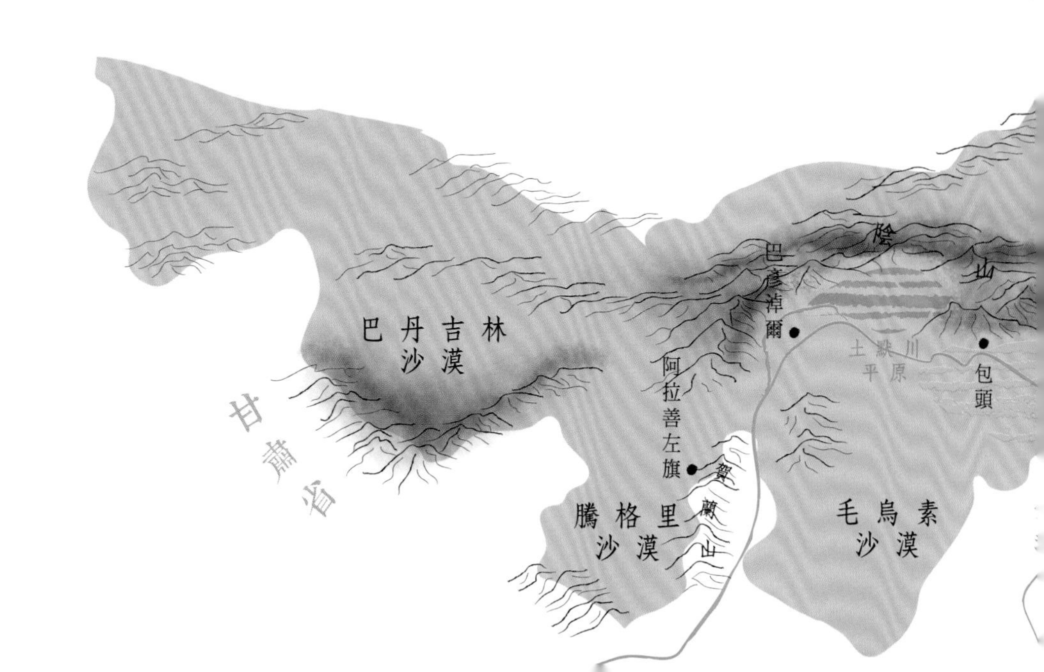
巴丹吉林沙漠
甘肅省
騰格里沙漠
阿拉善左旗
賀蘭山
巴彥淖爾
陰山
土默川平原
包頭
毛烏素沙漠

目錄

上卷

塞內・塞外

中卷 森林·草原

下卷　文化・感悟

序言

魏堅

陳萬雄先生是我的摯友，也可以說是內蒙古文博界的摯友。我們相識於二十多年前對「草原文化」的推廣，並因此而結下了深厚的友誼。

記得是一九九四年的五月初，那時我在內蒙古文物考古研究所任副所長，正在主持南流黃河西岸鄂爾多斯寨子塔遺址的發掘。當時所裏兩位年輕的業務骨幹參加了在鄭州西山國家文物局的「田野考古領隊培訓班」的田野培訓和考核，為了他們能夠順利過關，我決定去鄭州西山一探究竟。那日下午，為了節省時間，我從遺址東側的懸崖邊下到高差約九十米的黃河岸邊，跨過「七零一黃河戰備大橋」，搭上唯一的一趟長途班車趕回了呼和浩特，湊巧的是正好趕上當晚內蒙古文化廳為香港商務印書館陳萬雄總編輯舉行的歡送晚宴，此乃與陳萬雄先生酒桌初識。第二天，我搭航班飛鄭州，沒有想到陳萬雄先生就和我鄰坐。有了前一晚喝酒的鋪墊，飛機上自然交談甚歡，藉此我也瞭解了他對編寫「草原文化」專題圖錄的主要構想和基本思路，此乃與陳萬雄先生飛機深聊，並從此開啟了二十幾年學術、文化的深入探究和友情的不斷昇華。

萬雄先生行思敏捷，精力充沛，且性格豪爽，為人篤誠，言談交往之中，常能感受到他的熱情和大度。雖然他的粵式普通話講得並不標準，常常會在講話時把「我們這些做編輯的」說成是「我們這些做騙子的」，引起哄堂大笑，但是他極具感染力的為人之道，卻使我們這些北方漢子個個對其折服，並願意與他合作共事。九十年代中期，他正積極籌劃，為著名考古學家蘇秉琦先生整理出版《中國文明起源新探》，同時在認真領會蘇先生「考古學文化區系類型」學說的基礎上，準備編撰一套圖錄，他稱之為「中國地域文化大系」，即是利用考古學的資料，將全國的考古發現與研究成果，以若干冊圖文並茂的大型圖錄完整呈現出來。這樣一個浩大的文化工程，恐怕除了萬雄先生的膽魄和氣度，無人敢於承擔起來。當時的「草原文化」和「東北文化」就在首刊發行之列。於是就有了萬雄先生在這本書中提到的「成吉思汗原鄉」的考察。那時，我們一輛麵包車，一行八人：香港商務印書館的陳萬雄先生、張倩儀小姐、李家駒和溫銳光先生；內蒙古方面有文物處蘇俊處長、考古所的我和博物館傅寧先生、陶平順師傅。西迄陰山腳下、黃河兩岸的巴彥淖爾和鄂爾多斯，東至大興安嶺西麓的呼倫貝爾和赤峰紅山，在呼和浩特東郊探訪過舊石器時代的大窰南山，在錫林郭勒草原拜謁了草原都城元上都……，晝夜兼程，跋山涉水的勞頓和歡聲笑語，溫故知新的喜悅充斥了整個行程——那是一次東西五千里，上下八千年的歷史文化巡禮！而勤奮、細心的萬雄先生記下了考察中的所有這一切。現在奉獻給大家的，就是他作為一個文化工作者，以赤子之心，「一生傾注中國歷史文化的探索和思考的心路歷程。」

誠如萬雄先生書中所言，中國古代北方少數民族長期活動的地區主要在蒙古高原的大漠南北。這個地區疆土遼闊，東起大興安嶺，西接阿爾泰山，北界西伯利亞，南逾陰山，大體上包括清朝初年以來所稱的內、外蒙古。遼遠廣袤的內蒙古自治區，就地處蒙古高原南緣的漠南之地，東西橫跨東北、華北、西北三大自然地理單元，大部分疆域處在北緯四十一度線以北，由東向西，燕山連綿，陰山橫亙，中國歷代長城也基本分佈在這條山系南北。特殊的地理環境，多變的氣候條件，形成了形態各異的自然經濟類型，也造就了源遠流長，色彩紛呈的燦爛古代民族文化。

北方草原的古代文明，從其發端便是以農業與牧業、狩獵與畜牧多種經濟形態相互交錯的形式，在這一區域孕育和發展。舊石器時代「大窰人」石器撞擊的火花，與「北京人」燃起的火焰同樣耀眼。地處西拉木倫河兩岸的原始村落，同一曲黃河的新石器時代文化，並稱為內蒙古的「兩河流域」文明，其在中華文明起源的「滿天星斗」中，應是最耀眼的星座之一。夏商之際，隨着北方地區氣候的乾燥和變冷，畜牧業便也悄然興起，伴隨着遊牧民族登上歷史舞台，北方草原的青銅文明也翩然而至。周、秦、西漢以降，東胡、匈奴、鮮卑、烏桓、突厥、契丹、党項、女真、蒙古、滿族等北方各少數民族，如浪潮般一次次地興起，他們離開興安嶺，跨過草原、大漠，在與中原王朝的長期較量中，不斷充實和壯大自己，一旦時機成熟，便越過陰山，入主中原，建立王朝。

中華民族就是在周邊民族不斷地融入中逐步形成，特別是在北方民族強勢融入，並不斷注入新鮮血液中不斷更新和壯大。北緯四十一度線造成了農牧差異，也造成了征戰和融合，而這種征戰和融合恰恰是中華民族不斷創造新歷史的原動力。

中國歷史的朝代序列在魏晉南北朝之後，常常以「唐宋元明清」一以貫之，這應當說是一種不完整的表述。北宋時北方有遼、西夏並存，「澶淵之盟」後的百年和平，造就了北方經濟和社會的高度發展，以至於俄語至今仍以「契丹」稱呼中國；南宋時北方仍有金、西夏並立，偏居東北一隅的海陵王甚至把都城遷到了北京，就此開創了北京建都的歷史。但在以中原為中心的觀念支配下，史家居然沒有給遼、金、西夏修史，即便是後來補修的《遼史》和《金史》，也是十分簡陋，錯謬百出。今天看來，北宋的二百八十萬和南宋的二百萬平方公里土地當然不能代表當時的中國，但卻依然有人對南宋的滅亡和元朝的統一發出「崖山之後無中國」的哀歎，站在歷史發展的長河上看，這實在是狹隘的歷史觀和民族觀。即便是享國二百七十六年的大明王朝，在永樂北征後不久，就在比漢長城更偏南的區域修建了「萬里長城」，將北元——蒙古部落阻隔在了長城以北，實際上開啟了中國歷史上又一個南北朝時代。因此，我們沒有權利不去正視和思考這一歷史的真實。否則，我們就將永遠無法去認識歷史上一個完整意義上的中國。

草原民族在大漠苦寒的環境下，長期過着騎馬射獵，逐水草而居的生活，養成了胸襟開闊和堅韌不拔的性格，他們在融入中華文明之時，便為中華文化帶來了蓬勃向上，生機盎然的新鮮血液和發展動力。同時，草原民族金戈鐵馬、氣吞萬里的豪邁氣概，也打通了歐亞大陸上的壁壘，猶如一座橋樑，使中西文化得以交流。與此同時，草原文明也在這種交流中發展繁榮，其獨樹一幟的文明成果，又被其他民族吸收借鑒，使草原文明成為全人類共同的財富。

一九九六年初，為了配合《中國地域文化大系》之《草原文化》和《東北文化》在香港出版的宣傳推廣，我和蘇俊先生，以及遼寧文博界的徐炳琨和孫守道兩位先生，受陳萬雄先生之邀，赴香港參加了一次精心準備的學術推廣活動。那次活動除了學術講座外，有和媒體的懇談見面會，有香港電台關於「草原絲綢之路」的錄音訪問，有報社記者對考古生活的單獨採訪，有晚餐的美酒，也有下午在咖啡館的「快樂時光」。記得在一次學術講座中，我以「中國的史前史應當重新架構——以興隆窪、紅山文化系列為例」為題做了發言。這個議題引起了前來參加講座的饒宗頤先生和香港學術界的熱烈反響，饒先生隨後做了長篇的講話，認為以往對信史的認識只可以到中原的商周和北方的東胡，而考古的發現完全可以重建中國的史前史。會後的餐會中，饒先生熱情地邀我「到香港來教書」，雖因種種原因此事未有結果，但饒先生對歷史文化的重視和對晚輩的提攜可見一斑。應當說，萬雄先生策劃的這次活動完全超出了預期的設想，香港媒體的大量報導，包括「美國之音」的相關播出，都充分說明了這一點。

萬雄先生生在南國，讀書做事也在南國，卻因探尋中華文明的多個源頭，來到了北方，投身於草原，完成了對「另一種文明的體驗」。幾年的奔波與不斷地思考，用他自己的話說，「令我對中國歷史和中華文明有重新的認識和理解」。這裏折射出的是他對中華文明多元一體格局形成的深刻認識和對草原文化的執着熱愛。轉眼二十多年過去了，當這位精力過人，工作起來不知疲倦的文化學者在「重遊大興安嶺和呼倫貝爾大草原，勾起舊憶，煥發了感情，又以退休之身，重新動筆」之時，這部凝聚着大半生感情與思考，飽含着諸多好友囑託的「舊賬」，終於要面世了！這或許是對歷史的思考，或許就是對過往歲月的回憶，我相信，每一個經歷過的人都會從中找到自己想要的東西。

老友所囑，匆匆寫就。是為序。

二零一七年二月八日新春於呼和浩特

魏堅教授
國務院學位委員會考古學科評議組成員
中國人民大學歷史學院考古文博系主任
教授　博士生導師
中國人民大學北方民族考古研究所所長

前言　來龍去脈

陳萬雄

遷延了近二十年，這本小著終於寫成出版。

這只是一本紀遊小著，非學術著作。但是，由寫作的醞釀，以至最終的寫成，一方面是自己出版生涯重要一頁的記錄，另方面反映了個人一生傾注中國歷史文化的探索和思考的心路歷程。

上世紀八十年代初起，拓展中國文明史圖錄的編輯出版，是我出版志業的重心所在，並樂此不疲。諸緣輻輳，時代賜予的機遇，像封了塵的中國文明史一些長卷，讓我有幸一手一手地打開，一段一段地映入眼簾，太新奇了，太神奇了，亦太迷人了。每一手、每一段的展開，都禁不住要將自己發現的驚歎、喜悅，全心盡意地傳遞給社會大眾。恍眼間，就過了幾十年了。翻動了內蒙古高原的這一個畫卷，遊目其間，令我太陶醉了。它的展現，令我對中國歷史和中華文明有重新的認識和理解。

大學時代，我鍾愛上王德昭教授的課，因為他所開設的課程，總給我們開拓了歷史的視野，提高了歷史認識的眼界。在他的「中西交通史」課程中，不但教導我們認識幾千年來的中西交通和交流史，更誘導我們從中國史去理解世界史，從世界史去理解中國史。在那個年代，這種誘導，是中國歷史認識的新視野，發聾振聵。在他的「中西交通史」課程中，曾講述到歐亞間的遊牧民族的歷史。是囿於時代知識的局限，或由於自己的忽略，對他講授的這段歷史，印象不深。但他堂上的一段話，卻深深而生動地留在我腦海中。他說，歐亞大草原，雖東西逾萬里，但歐亞之間在草原上的來往交通，遠比後人所認識的，來得早，來得頻密。因為歐亞遊牧民族，以馬匹為工具，在遼闊的大草原上移動，仿如大洋中的海浪，後浪推前浪，一波逐一波的，無遠弗屆。這是我對草原歷史的第一個認識。

八十年代開始，由於編輯出版的工作，得以跑遍塞外江南，目睹風土，覽遊勝跡，觀賞文物。拜識歷史學者專家以外，再得親炙了一眾文物博物家，考古學家，目染耳聞，對中國歷史文明，映現了新圖像，遂萌生探究的念頭。從過往文物或藝術為切入點的編輯出版角度，轉而以歷史文化為切入點，策劃了《紫禁城宮殿》、《國寶》、《清代宮廷生活》和《千年古都西安》等畫冊的出版，就是新認識下的嘗試。繼之策劃的《中國地域文化大系》，是結合文獻研究成果和考古發現，以區域文化為範圍，去建構中國文明的歷史全貌，

魏堅教授

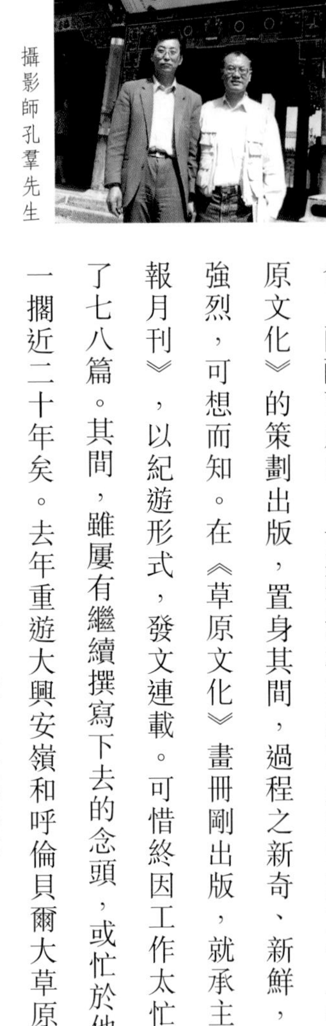

攝影師孔羣先生

又是另一種新認識下的嘗試。《草原文化》就是該系列的一種。我之走進內蒙古草原，因該書而起，也因遊走內蒙古的體驗，而對中國歷史文明有始料不及的新認識。

得益於歐亞草原地區考古的成績，世界歷史觀念為之轉變，長久以來、根深柢固的「歐洲中心史觀」與「農業文明史觀」漸被打破。到了上世紀八十年代初，「草原文明」的學術研究，漸蔚成世界歷史研究的顯學，世界史新圖像也漸之出現。同樣，五十年來考古的豐碩成果，促進了中國文明史新研究視野的萌芽。《中國地域文化大系》是在這樣的學術背景下，適逢其會，醞釀而成的。長期浸淫在因襲已久的中國文化史格局下的我們，因《草原文化》的策劃出版，置身其間，過程之新奇、新鮮，感受之深刻，反思之強烈，可想而知。在《草原文化》畫冊剛出版，就承主編之約，在香港《明報月刊》，以紀遊形式，發文連載。可惜終因工作太忙而罷，前後只刊登載了七八篇。其間，雖屢有繼續撰寫下去的念頭，或忙於他事，或恐明日黃花，一擱近二十年矣。去年重遊大興安嶺和呼倫貝爾大草原，勾起舊憶，喚發了感情，又以退休之身，重新動筆，遂成此作。

在策劃和進行《草原文化》與《成吉思汗的崛起》（電視片）的出版過

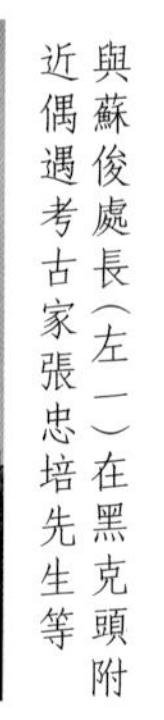

與蘇俊處長（左一）在黑克頭附近偶遇考古家張忠培先生等

與司機陶師傅在金蓮川草原

程中，首先得到了內蒙古文化廳，內蒙古博物館、內蒙古考古所的鼎力支持合作。為做好這兩項出版，我們雙方動用了大量人力物力，全力施為。從出版經營的回報，可能不算理想。作為主要策劃者的我，不無歉意。但是，作為文化的影響，不囿於出版，包括在香港舉辦多次「騎馬民族」和「草原文明」為主題的展覽，聲聞於外。二十年過去了，對在內蒙古的朋友，衷心的協作，愉快的相處，結下的情誼，已溢出工作同伴所限，終身難忘。事過境遷，雖然各自忙碌，少所聯繫，在內蒙的一眾朋友，趙芳志廳長、蘇俊處長、王大方處長、邵清隆館長、考古所劉所長、塔拉副所長、魏堅教授、傅寧先生、黃雪寅女士、滿勇先生、攝影師孔羣先生、陶師傅等，以及內蒙地方上文博界朋友，在這裏衷心地說句多謝，並視之為難以忘懷的朋友。至於在香港，不管是否已離開商務印書館，他們在不同崗位曾參與的同事，我是感激的。尤其是張倩儀女士，她是這項目的策劃者和執行者，更要說聲多謝。

最後，小著只是一本紀遊，但曾參閱過大量中外有關著作，領益良多。書中的一些觀點和看法，相信得益於協作同行者不少啟發。無法一一註明。謹申謝忱。

草原上升起不落的太陽

作詞　美麗其格　作曲　美麗其格

藍藍的天上白雲飄
白雲下面馬兒跑
揮動鞭兒響四方
百鳥齊飛翔
要是有人來問我
這是什麼地方
我就驕傲地告訴他
這是我的家鄉
……

尋夢　尋歷史足跡　圓少年夢想

踏足「草原」，從小就是縈繞我心底的夢。

上世紀的五十年代，「藍藍的天空白雲飄，白雲下面馬兒跑」這首旋律優美的《草原上升起不落的太陽》，響徹內地，也深深掀動了我少年的浪漫情懷。那個年代，《草原情歌》、《敖包相會》、《掀起妳的蓋頭來》、《蒙古牧歌》、《蒙古小夜曲》等一首首動人心弦的北方草原民歌，哺育了我們生長在稻香帆影的南國少年的草原情懷。一個時期，一下子湧現了這麼多深入人心、動人心弦的草原民歌，是不難理解的。經過百年歷史的倉惶，在滿懷憧憬的新年代，音樂家們悠然的遊走在壯麗錦繡的河山，感受着南船北馬的各地風土，激揚情懷，自然會譜出那些動人的旋律。當然，不同時代，樂壇都會不時創造出悅耳動聽、歌頌大高山、大江河、大草原等歌曲。大天地、大情調、大歷史，恢宏壯麗，最易掀動人的心弦，讓人掬心禮讚。

近三十年，珠三角洲地區，起了千年未曾有翻天覆地的變化，世人矚目。回顧大半個世紀之前的珠三角洲，首府廣州和大市鎮以外，大部分地區都是

騎着「駿馬」

農村，阡陌農田，絕大多數人，過的是千百年來細作深耕的傳統農村生活。人們一生的活動範圍，很狹隘，離不開方圓不外二、三十公里。廣州說是中國的南大門，千年以來已屬中外交通的要道和著名的對外城市。然而，近在咫尺的珠三角洲，傳統農村的生活，仍然很封閉。能出埠遠行的，都成了地方上口耳相傳的傳奇人物故事。孩提生活在如斯農村的我，要想踏足千里迢迢的草原，只能是心底的夢。

少年人，總有夢想！少年情懷，總是浪漫！夢想着有一天，騎上駿馬，奔馳在天高雲低、一望無際的大草原上，豪情快意。

少年情懷，看似不經意，輕飄飄的，留住心底，卻磨滅不了。

上個世紀六、七十年代，香港的大學校園，至少在我就讀的中文大學新亞書院，中西民歌，最為流行，弦歌處處。這是一種追求理想、頌讚人文的時代氛圍。旋律高亢優美兼而有之，胸懷豪邁而情調浪漫的一些草原民歌的歌聲，再喚起了埋藏心底的少年情懷，少年的夢。

六、七十年代的香港，非少數富貴人家，離港旅遊，談何容易。社會匱乏，生活維艱，是我們成長年代的普遍現象。到新界轉悠一天，已屬難得。要踏足草原，依然是夢！何況內地尚未開放。不像時下，年紀輕輕的，已可以常常踏足中外勝境。

成年之後，隨世浮沉，輕飄飄的少年情懷，猶如拴住「夢想」風箏的長線，似斷不斷。

八十年代起，因為從事編輯出版工作，情繫中華，四處尋覓有關中華文明題材的出版。為此，二十餘年，大江南北的走動。初期，視野所及，總圍繞在中原地帶。這是很自然的，即使我的專業是中國歷史，傳統中國歷史教育的拘限，目光所注，關心所在，自然而然的集中於中原地區的歷史。生長於南方邊陲的我們，對中原歷史文化和地理風貌，充滿憧憬，從小吟誦歷代詩詞的薰陶，中原種種，本就熟悉和嚮往。然而，蒙古草原，卻在視野之外，遙遠而朦朧。

一九八四年八月在一次「絲綢之路」的旅程中，踏足了青海省的日月山。這是我頭一次來到了高山草原。唐代文成公主嫁入吐蕃，即今日的西藏，就是經過了時為唐、蕃分界線的日月山。抵達了日月山，視野開闊，綠草如茵，隨着山坡起伏漫漫，一望無際。一下了車，我連跑帶滾地衝上草地，在軟綿綿的草地上，盡情地翻滾，舒坦地躺在草地上。仰望着白雲藍天，貪婪地吸着帶有濃濃泥味草香的空氣。這次算是跟草原打過了照面。真正地闖進了大草原，還是十年以後的事。

頭一次來到時的青海湖，完全是大自然的原野風光。站在湖邊較遠的高地上，極目滿眼是藍的天、白的雲、綠的草、黃的花、青的湖，鋪天蓋地的就是這五塊大顏色。層次分明，四面八方地籠罩過來，好像置身於天地間一幅立體潑彩畫中。此時此地此景，多先進的攝影機，也無法捕捉和留得住如此大自然的造化。翻閱當時的舊照片，與我留在腦海中的印象，距離太遠了。這是我一生難以忘懷、永存在腦海的一幀大自然風景畫。

八十年代末，日本 NHK 電視台拍攝了上下兩集《絲綢之路》電視片，連同喜多郎創作的主題曲，風靡全球，一時掀起了「絲綢之路」的熱潮，也打開了社會大眾的歷史視野。其間，我曾擬利用中國內地近幾十年來新出土的大量珍貴文物，出版一本豐富多彩的《絲綢之路》畫冊，以湊湊興。可惜，事情不果，至今仍引以為出版生涯的一件憾事。事情雖然不成，卻開啟了我出版的新視野，眼光轉向中原之外的其他中國地域尋找題材。

自古以來，連成一氣的歐亞大陸間，地理的交通、文化的交流的歷史，遠比我們認識和意想到的，更久遠，更密切，相互間的影響更深廣。歷史上亞歐交流的通道，一般人較熟知的，自然是歐亞大陸間，以綠洲綴串起來的「絲綢之路」。至於橫亙在歐亞大陸北部的「草原之路」，則少為大眾所知了。在十六世紀以前的上萬年，甚至更古遠，「草原之路」一直是歐亞大陸的大通道，甚至比「絲綢之路」來得更早，某種程度，對世界歷史影響更為深遠。這是大學時上《中西交通史》課留下的認識。至此受《絲綢之路》的啟發，豁然省醒，學以致用，遂萌發了要策劃出版《草原之路》和《草原文明》圖文並茂大圖錄的念頭。一經形成設想，立刻付之行動。自一九九四年起，為了實現此項計劃，持續五六年，不斷跋踄於廣闊的內蒙古高原，徜徉於草原、沙漠、森林，海子和濕地的大自然中。終於，圓了少年時的夢，更闖進了另一種陌生文明的體驗。

日月山

青海湖

上卷

塞內 · 塞外

《草原文化》

《發現草原——成吉思汗崛起的秘密》

跨越長城　奔走朔方

為尋求出版計劃的合作，我在一九九四年第一次到內蒙古自治區的首府呼和浩特市。完成《草原文化》圖錄，隨即再啟動了《成吉思汗的崛起》電視片的編輯製作。在二十世紀末的五六年間，除了河套以西的阿拉善旗和額濟納旗尚未踏足外，在不同季節，我幾乎跑遍了整個內蒙古地區。出版項目完成後，或參加博物館五十周年慶典，或組團旅行，也短期到過內蒙古的不同地方。二〇一五年，相隔近二十年，重臨了呼倫貝爾大草原和大興安嶺森林。屈指一算，跑動內蒙地區，前後超過二十個年頭了。在中國省區，這樣頻密持續的跑動，在我個人應以內蒙古為最了。

一九九四年五月我隻身跑到內蒙古呼和浩特市。

來到呼和浩特市，我先後拜訪了內蒙考古所、內蒙古博物館和內蒙古文物處幾個單位。回港後，再通過書信和電話，往來洽談。最後，得到內蒙文化廳前廳長趙芳志女士和文物處前處長蘇俊先生的支持，拍板由文物處、博物館和考古所共同協作，展開這項出版工程。經合作雙方反覆推敲，擬定

蒙古包內接受祝福

在蒙古包內飲酒

了《草原文明》畫冊的出版方案。一九九四年下半年，就開展實質的工作。一九九六年底，花了近兩年的時間，畫冊編輯告成，順利出版。

初抵內蒙古，與當地朋友交往，大碗酒大塊肉的，豪情率直、不拘小節的性情，跟過往去過的中國其他地方，感受不一樣。經多年往來，大家更熟悉了。他們多次向我説，謂我情性不像他們想像中的南方人，大碗吃肉，敢鬥酒，不拘小節，快人快語的。我回答説，你們印象中的南方人，是文質彬彬的江南人吧！我再説趣，你們是「北狄」，我是「南蠻」，彼此彼此，都是「野蠻人」，自然投契。地方走得多了，就會明白。一處風土養一處人，自然環境和傳統風俗，會多少影響一個地方人的共同性格。遊走四方，觀風問俗，最能養人胸懷。我常勸導一些朋友，孩子十歲以後，尤其是長於現代大城市的孩子，帶他們走走大山川、大野原，孩子就會體驗到天有多高，地有多寬，風俗有多不同。有這種體驗的孩子，會增廣他們成長時的胸襟和視野。都市人大都自以為是，走過大山川、大野原，尋了風問過俗，才領會世界之大，不同社會和文化之多元，才能克服視野短淺，胸懷狹隘，自以為是。二十歲，從湖南偏壤湘西走出來，此後一直住在大都市六十多年的近代大作

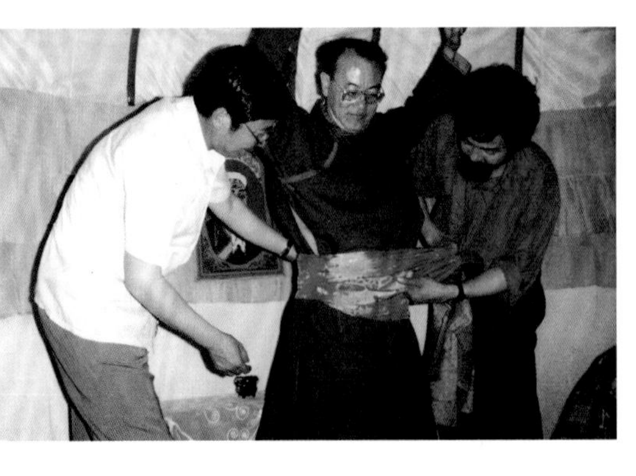

正在穿上傳統蒙古服飾

一處風土養一處人，傳統風俗定會影響當地人的習性。時任內蒙考古所劉所長和塔拉副所長為我穿上傳統蒙古服飾，體驗蒙古人的生活習性。

家沈從文，愛在文章中，說自己是「鄉下人」。他這樣說，固然有留戀鄉土、不忘本的意思，也不無驕傲自己是在大山大水中長大，能與大自然共懷抱的用意。

蒙古高原的自然環境，對生活於南方一隅香港的我們，一南一北，太遠了，是陌生的。我們習慣稱兩廣與福建以北的，都是北方人，可見一斑。至於蒙古草原的歷史和文化，即使是唸中國歷史的我，也朦朧得很。要策劃出版《草原文化》，原初只來自一個大概念、大思路。如何具體演繹，結構如何，比之以往策劃其他地域的歷史文化圖冊，心中底子不夠。只能多仰賴內蒙古的各方面專家學者了。但是，要出版圖文並茂、內容取擷適當、編寫深入淺出、面向海外讀者的出版構想，卻是內地學者專家難於把握的。為彌補各有不足，我們自己除了大量補讀有關著作和材料，雙方作充分的溝通外，一同實地考察，互相交流想法，就成為必須了。兩年間經數次的安排，已跑遍了大半個內蒙地區。繼《草原文化》的出版，再接再厲攝製《成吉思汗的崛起》的紀錄片。拍攝因要實地隨機感受，在草原上，跑得更遠更深入了。真想不到，一個迷濛而帶有幻想的少年夢，適逢其會，不僅夢想成真，蒙古高原，

長城好漢

一九八三年千辛萬苦爬上當時尚未開放的古北口長城，成了好漢。背後是峰巒起伏的燕山山脈

也成了我在神州大地上，跑得最多，體驗最深切的地區了。

從北京乘飛機到呼市——內地都是這樣昵稱內蒙古自治區首府呼和浩特的——只需四十五分鐘，比香港飛往廈門或台北，時間還要短些。頭幾回往返，我倒喜歡乘坐一班晚上六時發車，早上六時抵達的往來列車。在那些忙得天昏地暗、用度不豐的日子，既節省了時間，節省了金錢，更可以睡足了覺。

未到內蒙古前，總感覺它比中國其他地方來的遙遠。一九八〇年夏，初登上北京八達嶺長城，朝北眺望，峰巒蜿蜒，沒過盡頭。遙想峰巒之外，應是蒙古大草原，是我們習聞的「塞外之地」。看着，想着，既感遙遠，又覺陌生。不像去到中國其他大部分的地方，雖謂初到貴境，唸起一首詩，想起一段歷史，就讓我們似曾相識。地理知識也提醒我們，北京所見的長城之外，尚是河北省境呢。

站上長城，遊目騁懷，南向眺望，是華北大平原；北向極目所縱，是綿延不斷、峰巒起伏的燕山山脈。歷史上「塞內塞外」、「塞上塞下」，於此一目了然，用不着太多的解説。長城，看似是分隔塞內塞外不可踰越的重障。實際上，分隔塞內塞外的，其實是橫亘着的燕山山脈。長城只是燕山山脈這道遮斷南北重巒疊嶂的人為的加工。站在城頭，往南朝北的眺望，同是中國大地，不期然熟悉卻帶着陌生的感覺。

我們這一代人，雖然生長在香港，自小算受過較完整的中國歷史和地理教育。「塞外」給我們的印象：地理上，是茫茫的大草原，遍地牛羊牧馬，星羅密佈的蒙古包；歷史上，是秦漢皇朝與匈奴長達幾百年的抗爭，以後是南北朝的五胡亂華，蒙元遼金的入主中原等有數的歷史大事，僅此而已。歷史的概念和地理的認識，比起對中國其他區域的認識，仍薄弱得多。「塞外」和「大草原」讓我們巷聞街知，留下印象的，倒不是來自正規的歷史知識，而是金庸先生的小説《射鵰英雄傳》、《神鵰俠侶》以及紅線女的粵劇名曲《昭君出塞》。看來，我們對蒙古草原的陌生，不在地理上的阻隔，倒是歷史文化認識的隔閡。「歷史文化」才是認識一個地方、打破人為隔閡的憑藉，愚昧與無知，往往來自對歷史的不認識。

燕山和長城，是地理上「塞內」與「塞外」的分隔，也是近萬年以來，歷史上南北農耕和遊牧文明兼程並進的分隔線，是南北幾千年共同搏擊而成就了中國文明的交匯網。跨越長城和燕山山脈，是超越我們對中國歷史文化習見的一道關卡。二十年前，我終於有機會跨越了這道關卡。

「塞外之城」呼和浩特市

我前後到過呼市不下二十回，近十年再未踏足過，有點懷念。隨着內地都市化的迅猛發展，相信已成為一個現代化的大都市，跟我所認識的呼和浩特市，又是另一個模樣了。

九十年代初的呼市，說是內蒙古的首府，規模約略是內地的一個中等城市，風貌也差不遠。「景物不殊」，這是當前中國城市發展最為人詬病的缺失。人，自有個性，也貴乎有自我風度，城市亦然。費解的是大小的主政和主事者，不太明白這種道理。盲目攀趕「先進」和「新潮」，忘掉了自己地方的個性和文化傳統，以至全國城市，千人一面。這二三十年，內地，其實香港亦不遑多讓，錯過了千載難逢、通過史無前例的規模建設，建構自我文明特色城市的機會。一個城市的擴建，不是蓋上一二座「標誌性」的建築物，安放上一二座有地方色彩的城市標誌，就可充數的。城市規劃本身是文明方方面面的創造。這些創造的背後，離不開要對當地的歷史文化有深度的認識和理解。漢唐的長安、宋代的汴京、甚至蒙元的元上都，明清的北京城和揚州等等，千百年後，仍然令人神往，也在歷史文明上留下不朽。到世界各地遊覽，最讓人流連忘返，讚歎不絕的，是各城市和市鎮獨特的歷史建築風格和城市風貌，而非千篇一律的現代高樓大廈。

十多年前的呼市，市民的衣着舉措，與內地城鎮無異，無法區別與內地城鎮的差異。置身其中，絲毫沒有「塞外」的感覺。只有留意到街道、樓房、市招名號，同時蒙漢文字對寫，才稍有點不同內地城市的感覺。九十年代，朋友和同事知我到過遙遠的呼市，總好奇地詢問，草原城市風貌如何？我總是回答

歸化城北門（孔羣攝）

說，不要說草原，在呼市內，連大片草地我都未見過。問者愕然不解，我也無法解說。今年剛去過內蒙另一大城市包頭，城市林木陰翳外，中心區竟保留了一片水草豐盛的廣闊密林草地，導遊說包頭是亞洲最大的草原城市。

「呼和浩特」蒙古語是「青色的城」的意思。呼和浩特市位於著名的陰山山脈中段、稱為「大青山」之南，大、小黑河以北的土默川平原上。幾百年之前尚是樹蔭掩城；亦有人說，其時呼和浩特城房都是用青磚建成的，因而有「青色之城」的美稱。想像一下，連片青磚，綠蔭環城，會是多麼美麗的一座城市。真是不在江南，勝似江南了。呼和浩特因地理形勝和水草豐美，建城已有悠久的歷史。歷史上稱之為「豐州」和「歸化城」，就是它的前身。現在留下的舊城痕跡，是元末明初統一了漠南、成吉思汗的第十八代孫阿拉坦汗與其夫人三娘子主持下興建起來的。建城，是人類一種可歌可泣、讓人動容的歷史故事，也是文明進程的反映。呼和浩特市的冒起，是河套以北，陰山之南，氣候宜居、農牧並茂，物產豐盛的廣袤地區，經過幾千年南北東西不同軍事勢力起伏的爭持、農牧文明交替進退的歷史演進中形成的。到了十五世紀，已發展成為以農業定居和商工業為主的城市，愈往後，更往城廓化了。元朝時來自現在意大利威尼斯的馬可孛羅，在他的《馬可孛羅行紀》中，記載來到了時稱豐州的呼和浩特，說「天德（豐州）駝毛製氈……畜牧務農」，說明呼和浩特地區當時已成為綜合性經濟城市的實況。這是南北民族、農牧文明，經幾千年博融成一體的歷史活現場。

原城經明、清的拆建，再經近、現代的崩塌，如今再無舊城面貌了。市內保留尚好的勝跡，如遼白塔、五塔、公主府、將軍府、大小召等，仍可遊賞，供我們在歷史僅有的遺留中，去領略不同時代的風貌。這也是中外大多古都市與舊城鎮的共同命運。能留下較完整舊城市鎮，不管中外，就份外難得。

初抵呼和浩特，讓我最動情的，倒是我所住、當時僅有的現代式酒店——「昭君酒店」。也只有在呼市，名符其實的用得上這個名字。推開住房窗戶，北眺，若隱若現的可以見到陰山山脈。「大漠沙如雪，燕山月似鈎」（李賀《馬詩》）的意境，「陰山瀚海千萬里」（李昂《從軍行》）的遙遠，劉長卿的「驕虜乘秋下薊門，陰山日夕煙塵昏」（《疲兵篇》），以至張仲素「休傍陰山更射鵰」（《塞下曲五首》）等戰爭場面，不期然從腦海中蹦跳而出。被譽為唐代最出色的邊塞詩人王昌齡的「秦時明月漢時關，萬里長征人未還，但

內蒙古博物館（孔羣攝）

此中雪景，讓我想起那年天寒地凍，在鋪滿雪的街頭吃烤番薯作早餐的情景。

呼和浩特市內勝跡：將軍衙署（孔羣攝）

使龍城飛將在，不教胡馬度陰山。」（《出塞》）更衝口而出。原來自己身處於古代的「塞外」，挨近了陰山。「邊塞詩」是中國歷代詩詞的一大主題。為數不少的邊塞詩，都提及到「陰山」，「陰山」成了「邊塞」的代名詞。這地名，對於我們，既是熟悉，但又是那麼遙遠而陌生。

那時候的呼市「新華」和「東風」兩條主幹道上，不管遠近，舉頭就可以見到一座建築物，頂上矗立着一匹蓄勢昂首飛馳的白馬塑像，這就是內蒙古博物館。要是來到呼和浩特市，怎樣忙，內蒙古博物館是絕對不可錯過的地方。不管參觀過中外多少博物館，內蒙博物館總會讓你有不同的感受，意想外的收穫。館內有三大主題：遠古生物館、草原歷史文化館、民族文化館，經精心設計，豐富而濃縮地展示了蒙古高原的古地貌古生物、歷史文化和民族風情，足夠讓我們真切地去感受我們陌生的塞外風情和草原文化了。一件戰國時代、金光燦爛的鷹形金冠，就讓人看了激動，這是一個匈奴王的金冠。一見，如雷貫耳、卻神秘虛幻的匈奴歷史，剎時就變得實在了。

鷹形金冠

戰國時期墓葬出土文物。估計是匈奴王的金冠。冠頂作半球面形，花瓣狀，上面有一隻展翅的雄鷹，頭和頸的材料是綠松石。額圈有伏虎、卧羊和卧馬的浮雕，充分反映出遊牧民族王者的價值觀。

陰山下　河套邊

敕勒川，陰山下，
天似穹廬，籠蓋四野。
天蒼蒼，野茫茫，
風吹草低見牛羊。

這首在五胡十六國時期出現的〈敕勒歌〉。文字簡淺，樸實無華，宛如天籟，是草原牧歌中的千古絕唱。

詩歌描繪的，正是陰山山脈的中段——大青山的南面，以呼和浩特市為中心的陰山下、河套邊的土默川平原。北魏分裂（約公元五三四年）後，北朝各代、各族戰爭頻繁。土默川平原是他們之間必然爭奪的主要戰場，烽煙不絕。生長於斯而建立了東魏的高歡，目睹故鄉的荒涼景象，與臣下斛律令唱和起來而留存下的一首詩歌。詩歌原意是感慨經過長久戰亂，草原一片荒涼，而非後來大多數人以此用之去理解草牧茂盛草原的情境。幾百年後的宋朝，大臣劉敞

土默川地形示意圖

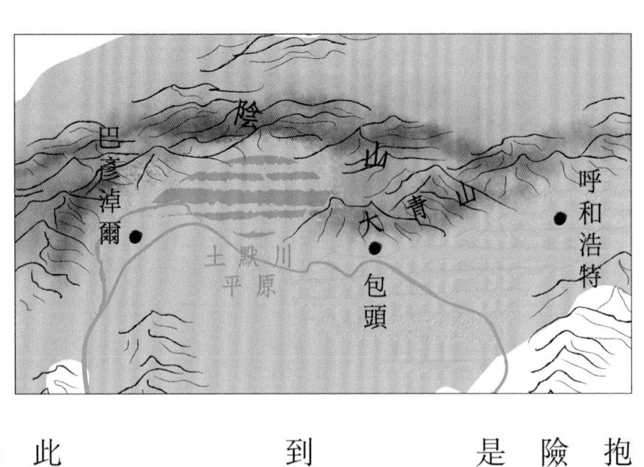

出使遼國，途經陰山，用詩描述自己所見，說：「陰山天下險，鳥道上稜層。抱石千年樹，懸崖萬丈冰。」雖說陰山與敕勒川間，仍然是分隔漠南與漠北的險要的地方。但同時，陰山下，河套邊的土默川平原，環境優越，水土豐美，是宜農宜牧的天然沃野。《漢書》就描述說：

> 東西千餘里，草木茂盛，多禽獸，冒頓（匈奴單于）依阻其中，……是其苑囿。

到了唐朝時代，《新唐書》〈突厥傳〉有這樣的記載：

> 南大河（指黃河），北白道（指陰山通上蒙古高原的峪谷重要通道），畜牧廣衍，龍荒之最壤。

冒頓時的匈奴和唐代的突厥，都是歐亞草原上最強大的部落聯盟。史書如此描述，可見土默川平原環境的優越，及對強大遊牧民族的重要。清代大地理學家顧祖禹在他的名著《讀史方輿紀要》〈大同府青山〉是這樣描繪的：

> 東至威寧海（即今日內蒙古的黃海旗），西至黃河岸，南北四百里，東西千餘里，一望平川，無山陂谿澗之險，耕種市廛，花柳蔬圃，與中國無異。

內蒙與山西隔黃河相望的河曲

呼和浩特市位於土默川平原的中央略偏北的位置。二十年前，走出呼和浩特市區，不管往東南西北方向走，穿過散佈着新建的工廠和大廈林立的市郊後，都是一大片一大片的田野。春夏之間，田壠長着各色莊稼，一派江南田園的模樣，見不着一點兒草原風貌。帶着〈敕勒歌〉描述的印象，來到這裏，或許大失所望。我們有時讀書真不細心，容易人云亦云。試想像一下，牛羊埋在草中間，見不着，哪有這樣高密的草原？何況蒙古高原在地理上是屬於「乾地草原」或稱為「短草草原」。幾十年前珠三角洲基圍中的鹹水草田，或河涌邊盛長的鹹水草叢，就會這麼高密。但鹹水草，牛不大吃，羊更不會吃，只能曬乾後，用來編織草簾和當作縛紮用繩。用不着過早的失望，蒙古草原另有水草豐美的地方。何況我們踏足的土默川這地方，千多年來已日趨農耕化和都市化，是中國

在山西偏關老牛灣長城與黃河接吻地方

幾千年來熱鬧之極的歷史舞台，是了解中國歷史全貌不能不到的地方。能來到這裏，不啻為我們上了歷史的一堂實地課。

離開了地理環境的認識，是無法真正認識歷史的，亦不可能遊好地方，因為太浮光掠影了。這是我幾十年來實踐「行走學歷史」的體會。攤開中國地圖，在正北方黃河沿線有一個「几」字形的一個大曲灣，這就是著名的黃河九曲的最大的一曲。灣內的地區，就是著名的河套地帶。河套之上，隔着黃河，就是土默川平原。土默川平原的北部，橫亙着陰山山脈。陰山山脈全長一千公里，平均高度一千米，南北寬廣約五十至一百公里。陰山説是山脈，其北坡緊貼蒙古高原，可以説是與廣闊的蒙古高原緊接連在一起。我走過陰山通向蒙古高原的白峪道，並不難走。陰山山脈的山勢向東南傾斜，東南支脈漸與燕山山脈和興安嶺

包頭市往南走河套會經過黃河

山脈在南端相接。西北部接連了賀蘭山，是岳飛〈滿江紅〉中說「踏破賀蘭山闕」的賀蘭山，現在是遊覽甘肅、秦長城和西夏王朝的古跡勝景。陰山向南，再與鄂爾多斯高原相接。這樣一加描述，寬廣的土默川平原，周圍形勝，宛如一張中國古老座椅。北面是陰山中段的大青山，與蒙古高原相連為高靠，左右的興安嶺與賀蘭山如把手迴抱。另大青山有如一座碩大無比的天然屏風，擋住了秋冬颯颯南吹的朔風。土默川平原上有大黑河、小黑河和什拉烏素河，在其間流過，並自東北向西南匯入黃河，水草豐美，氣候溫和。

內蒙古自治區最大的兩個城市，首府呼和浩特在河套黃河北岸的東北角，包頭市在其正北，歷史名城五原，則在右上角。

現在我們走在大青山西段的土默川平原，風貌一如清時顧祖禹所描述的一樣，宛若江南。往南眺望，田疇莊稼間，隱約間還可以見到黃河。過了包頭市往南到鄂爾多斯高原，要渡過黃河。作為中原文明搖籃的黃河，與長久以來被目為塞外絕域的陰山，竟可相對而望。未曾來過，靠記載與地圖，真難想像。不過，黃河河水不再滔滔，架上過河的大橋，已無天塹之感了。旅遊古跡勝景，要有幾分思古的想像，讀點歷史，自然會萌生出想像力。俗語說，滄海桑田。幾千年、幾百年的遞變，要保持原貌，太不可能了。以前說是「江山不老」，如今的世界，科技太發達了，隨時可以移山倒海，變成了「江山易老」。還是趁江山尚未老，早走走，多走走。在陰山下，河套邊，走上一趟，歷史的靈光剎時閃動，豁然就會明白，在過去的幾千年，山陰下，河套邊，何以會成為人聲鼎沸的歷史舞台。

從傳說時代到商、周、春秋時期，在黃河流域中游即中原地區，以農業文明發展起來、且日益壯大的華夏民族活動地區的北部周圍，同時活躍過着不同生活文明的遊牧部落和民族。這些華夏北疆的部落和民族，在不同時期有不同的稱呼：如鬼方、薰粥、玁狁、山戎、北狄和後來大家熟知的匈奴、鮮卑和突厥等。農牧民族在黃河兩岸甚至互為進退，交錯而居，

土默川平原

在黃河河套以北，崇山峻嶺包圍下，竟有一片綠洲，也是歷史上北方遊牧民族必爭之根據地。在一片大平原的北面就是陰山天險，南面是黃河河套，既有天險可守，又有沃土供養，難怪是數千年來南北攻防戰的主要舞台。

共飲黃河水。《詩經・小雅》有一首很有名的〈采薇〉詩，內中曰：

靡室靡家，玁狁之故；不遑啟居，玁狁之故。

詩的背景正是《漢書》〈匈奴傳〉所載：

懿王（周朝）時，王室遂衰，戎狄交侵，暴虐中國，中國被其苦，詩人始作，疾而歌之。

大概說在是公元前十世紀，北方遊牧部落侵擾中原地區，引致紛亂的情況。詩中說的玁狁，乃春秋時期的北狄，戰國秦漢時期的匈奴。到中原地區秦漢帝國的出現，北方的草原也出現最早統合整個亞洲草原的匈奴帝國。匈奴帝國的根據地，主要就在土默川平原。南邊有黃河天塹，北邊有陰山天障，以為塞而與秦漢相對峙。自此南北兩種文明展開了長達二千多年的激烈的攻防戰。陰山下、河套邊，就是其中最重要的舞台。

農牧文明攻防戰主舞台：土默川平原

幾千年來，廣闊的土默川平原，既是氣候和煦，農牧豐盛的家園，同時，又是烽火燎天，刀光血影的戰場。因為這裏是南方中原王朝和北方遊牧部落的天然攻防線的中心地帶。

中原歷代王朝，要抵禦不斷來自北方的遊牧民族的掠劫侵淩，必然要渡過黃河，據有土默川平原以為防線。進而踰越陰山，北向挺進大漠，要「不教胡馬度陰山」（王昌齡《出塞》）。秦代如此，漢代如此，唐代如此，蒙元、明、清亦如此。反過來，北方遊牧民族一經統合了蒙古高原諸部落，也無不先佔據土默川平原為基地，然後再南下虜掠和逐鹿中原。這種趨勢，匈奴發其端，鮮卑繼其後，突厥、契丹、金、蒙古等接其踵，歷代相沿，如出一轍。土默川平原對處於苦寒的北方遊牧民族的重要，史著屢屢道及。曾經因為陰山的失守，匈奴「單于每向沙場獵，南望陰山哭始回」（李益《拂雲堆》）。拓跋鮮卑雖然在中原建立起北魏王朝，與南朝劉宋峙立。但隨時準備「若兵來不止，且還陰山避之」（司馬光《資治通鑑》〈宋紀〉）。隋唐時期，突厥崛興，控弦百餘萬。遂會有「高視陰山，有輕中夏之志」（劉昫《舊唐書》〈突厥列傳〉）。簡單的幾句歷史文獻，已可勾勒出陰山下，土默川對幾千年遊牧民族的重要。幾千年來，陰山河套間的土默川平原，一直爭戰不絕，卻又是民族和文化互相滲透融合的歷史熔爐。

近幾十年來，考古學家在大青山和土默川平原陸續發掘了大量的歷代堡寨、古城和各種地下文物。結合了歷代史著的記載，基本能勾勒出目下一片祥和、宛如江南的地方，二千年來，金戈鐵馬、厮殺聲隆隆的攻防前線的形勢。對一般人來說，學術論述太專門了，未免枯燥。還是讓我們唸唸歷代詩人留下的一些詩詞。千百年雖然往事如煙，栩栩如生的文采，仍然令人感受到歷史在這裏的躍動。如「陰山日夕煙塵昏」（劉長卿《疲兵篇》）、「嘶笳振地響，吹角沸天聲」（孔稚珪《白馬篇》），又如「三軍大呼陰山動」，「虜塞兵氣連雲屯」（岑參《輪台歌奉送封大夫出師西征》），再是「漢家旌旗滿陰山，不遣胡兒匹馬還」（戴叔倫《塞上曲・其二》）等等，都能讓我們不難感受到當時戰爭激烈的場景。

讀歷史，二千年來為我們熟悉的一些重要戰役，原來不少就是在這裏發生；我們膜拜不已的歷史上赫赫名將，也有不少曾在這裏建勛立業。

戰國時期，趙武靈王「胡服騎射」，將屢受其侵凌的林胡和樓煩，從今天的山西西北部地區，驅逐到大青山以南，再在陰山下的土默川，經過連場大戰，終將林胡和樓煩趕出陰山以外。從此，陰山以南歸屬趙國，並建立了原陽、安陽、九原（包頭西巴彥淖爾）和雲中（呼和浩特地區）等軍事要塞。又築起最早出現的長城之一的「趙長城」。趙長城東起於代（河北宣化），中經山西西北部，西達陰山山脈最西處的高闕狼山口，長達千里。

這裏，又是秦、漢兩代王朝，與北方蒙古高原最早出現的草原大帝國——匈奴，展開長達幾百年的對峙、頻繁戰爭的前沿陣地。

秦朝名將蒙恬率領三十萬大軍，北到河套，直抵

【西漢匈奴對峙示意圖】

（　）現代地名
● 西漢邊郡
西漢
匈奴

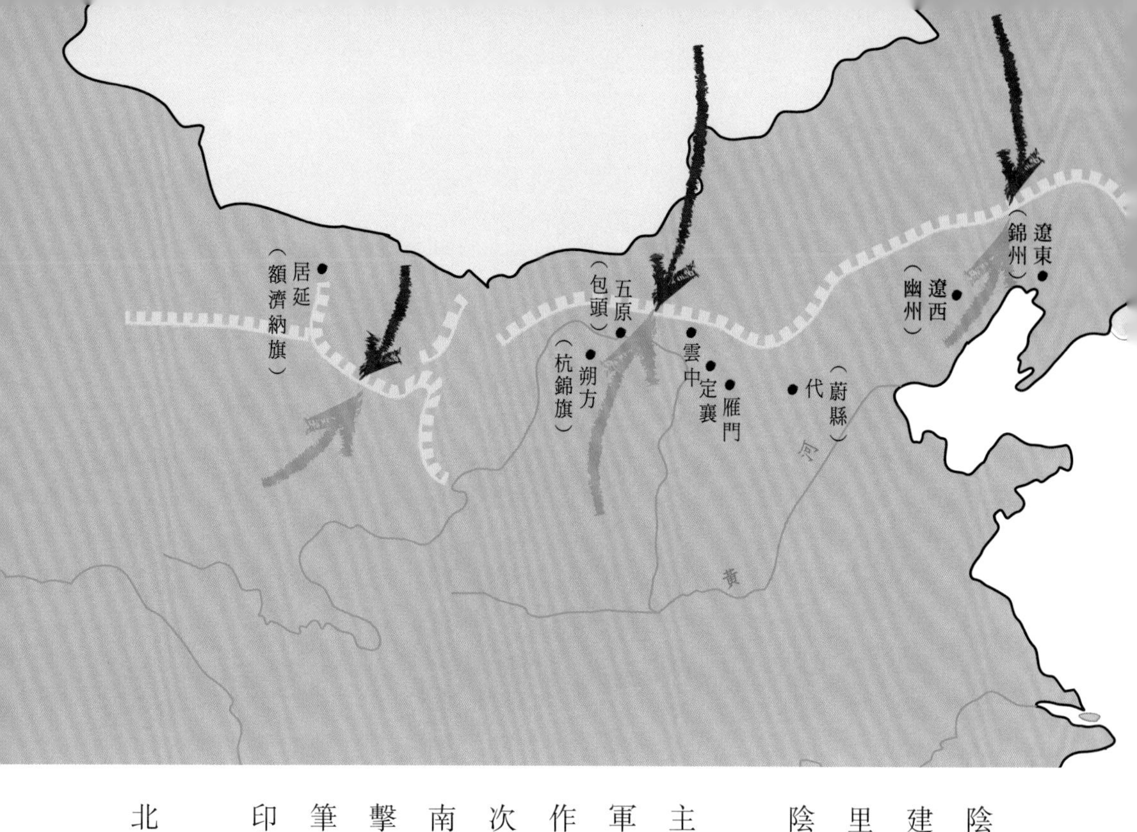

陰山，驅逐匈奴。設立九原郡，連接起燕趙舊長城，建築了西起今甘肅的臨洮，過陰山，東到遼東的「萬里長城」。秦的長城是在河套以北，越過了土默川和陰山山脈的。

西漢時期尤其是漢武帝統治的五十年，以衛青為主帥，率領一代名將包括了「飛將軍」李廣、青年將軍霍去病，以及公孫敖、公孫賀、趙信等，屢向匈奴作反擊戰。對匈奴反擊戰中，大規模的出擊共計有七次，其中經雲中、定襄、雁門出擊的就有四次。這是南北軍事對抗以土默川平原為中心的中路。由中路出擊的，打擊目標都是匈奴的主力。為容易理解，花點筆墨，去描說南北長期對峙的地理形勢，讓我們有個印象。

史前情況說不清楚，但自戰國以後的二千多年，北邊遊牧民族南下侵擾，或南方中原王朝北上反擊，軍事對峙，主要分左中右三區。左區主要在朔州、居延一帶，中區就以山西代郡、雁門、定襄、雲中、五原等地區，即河套、土默川和大青山一帶，右區大概是在遼東與遼西附近一帶。強大一統的秦、漢時的匈奴，隋、唐時的突厥，軍事封地佈局，亦以分左中右去劃分。大體與以中原王朝的左中右區軍事部署相對稱。而中原王朝中心是在河洛，遊牧王庭時在土默川，時在蒙古高原大漠以北的燕然山稱「龍城」的地方。

我們自少嫺熟的《木蘭辭》，到來這裏，感受就深切得多了。《木蘭辭》的歷史背景，事在南北朝的後魏，出兵討伐從北方入侵的柔然（又稱蠕蠕）。女英雄花木蘭女扮男裝，代父從軍。這個傳奇的故事，歷代文學界，難免有一些爭論，但卻不會減低《木蘭辭》存在的文學價值和時代意義。辭中說到：

旦辭爺娘去，暮宿黃河邊，不聞爺娘喚女聲，但聞黃河流水鳴濺濺。旦辭黃河去，暮至黑山頭，不聞爺娘喚女聲，但聞燕山胡騎聲啾啾。

這是描寫花木蘭代父從軍後，轉戰沙場的地方就是河套的黃河邊，再北上行軍到黑山頭。黑山頭即現今的殺虎山，距今日呼和浩特市東南約百里的地方，在阿拉漢巴山黑河附近。

往後，在土默川和陰山下，隋朝名將李充、唐朝名將李靖和李勣，都曾與歐亞草原盛極一時的大草原帝國突厥，發生過大規模的會戰，並出擊塞北大漠。此後的宋、遼、金、西夏、元和明，都在這地區留下數說不清的戰爭史跡。數風流人物，俱往矣。此地更留下讓後人歌誦、憑弔不已的「青塚」昭君墓和三娘子的「美岱召」。

土默川平原歷史兩女性：王昭君與三娘子

〈1〉獨留青塚向黃昏——昭君墓

廣東粵劇名伶紅線女的傳世名曲《昭君出塞》，讓王昭君在廣東、港澳地區，甚至海外，成為了一個家傳戶曉、無人不識的歷史女性，也塑造了王昭君深入人心的「琵琶獨抱」的形象。我們在香港長大受過高中教育的這一輩，對王昭君有較深入認識的，非來自歷史教科書的隻言片語，而是來自中

王昭君郵票

國語文課的《明妃曲》。所以特別要強調我們這一輩，因為，其後香港的中學中國語文，在教育理念和課文安排上，已改轅換轍，在文學教育認識上，亦大異其趣，不少名篇都給廢棄掉了。千多年來，在中國文學的各式文體的作品中，以歷史人物為對象的，其數量相信無過於王昭君和諸葛孔明了。

中國歷史上，「和親」是中原王朝對周遭民族的一種外交政策。以「和親」而聲名昭著的，前有先於王昭君七十年的漢武帝元封元年的烏孫公主，後有晚於王昭君六百七十多年時唐太宗貞觀年間的遠嫁吐蕃贊普的文成公主。三人各自有故事，但在歷史上都曾促進漢民族與不同民族間的和睦相處，促進和平，讓雙方民眾得以安居樂業，做過很大的貢獻。三人之中，王昭君出塞的故事，在《漢書》的〈匈奴傳〉和〈元帝紀〉，都有記載，甚簡略。雖不如烏孫公主和文成公主的詳細，故事的內情卻讓人更有興趣。加上晉代時葛洪所撰的《西京雜記》，有一段關於昭君出塞的傳說，涉及元帝內庭的選妃以及宮廷官員的貪賂，情節較曲折。雖是片言隻語，涉及到的有君王元帝、內庭人事以及王昭君的心志、容貌行止。幾千年王朝帝國，宮廷之內，權力人事的交織，賢與不肖的糾纏，既神秘又曲折，最會引人入勝的。何況再涉及宮廷以外的政治，那更複雜了。不要說過往，當前，「宮廷劇」仍是影視歷久不衰的題材，中外皆然，古今猶一。何況史著關於王昭君出塞的記載，僅其大梗，留下後人許多可想像的故事空間。好事者更加油添醋地隨意造弄，以玄奇惑人。即是嚴肅的文學作品，總帶有創作的成份，王昭君事跡既留下可以推想的情節，最能讓文人墨客、懷抱家國的士大夫，借題發揮、敷衍自己欲申說的故事，以文學創作「澆自己塊壘」。「昭君出塞」就成了中國文學上不同時代、不同聲音的永恆文學創作題材。

到了內蒙古，「昭君墓」就成了「發思古之幽情」和作「歷史憑弔」不可不去的地方。「發思古之幽情」與歷史的「憑弔」，是人們與生俱來的一種歷史意識，這種歷史意識是構成人類人文精神不可或缺的元素，離開了歷史意識，就無法去訴說「人文精神」。當前社會「人文精神」的衰頹，與歷史意識的缺失，是大有關係的。

昭君墓位於呼和浩特市往南大概二十公里、大黑河南岸的土默川平原。昭君墓也是內蒙古地區較早開發的旅遊景點。著名的歷史遺址，作為景點，知名度時常超越一個地區和某省市，旅行者往往是嚮往某個歷史遺跡，專程

昭君墓——與蘇處長合照

而去的。內蒙古地區也是如此。早期除了專家學者或內蒙古自治區的民眾，對蒙古草原的歷史和草原文明生活，少所認知。專程旅行者或順道到內蒙的，作為旅行參觀，大都衝着成吉思汗陵和昭君墓而來的，其他景點，順帶去去而已。土默川平原不乏歷史上的重要遺址，都可以增進對歷史的認識，一般人興趣倒不大。王昭君墓與成吉思汗陵，雖不一定是埋葬他們真身的地方，願意參觀憑弔的人反而最多。看來人對歷史興趣，還是以感性居多。

關於王昭君墓，有不少美麗的傳說。謂每到深秋，在一片枯黃的土地上，昭君墓周遭依然黛綠如茵，因此冠以「青塚」之名。除了呼和浩特地區的「青塚」外，大青山南麓還有十幾座「昭君墳」，詳細原因難以究述，重要的足夠說明，長久以來，當地的各族民眾對這位漢族女子的敬佩和悼念之情。

歷代中原王朝，處於弱勢，「和親」以作懷柔；處於盛世，「和親」作為敦睦。漢武、漢元和唐太宗，都屬盛世，王昭君、烏孫公主和文成公主的「和親」，自屬敦睦的性質。漢、唐兩朝，嫁到塞外史載有名姓的，如漢代的解憂公主、隋代的安義公主和義成公主，唐代嫁到回紇的大小寧國公主、咸安公主等不下幾十人。漢、唐而外，以至最後一個王朝滿清，都有不同性質的「和親」。其實「和親」這回事，不僅見諸中原王朝和少數民族之間而已矣，中原王朝外，歷代的少數民族之間，也屢見不鮮。甚至，在長久的歷史中，歐亞大陸著名的王朝如埃及帝國、波斯帝國、羅馬帝國等等，與周遭民族國家之間，都存在過不同形式的「和親」，目的與中原王朝性質則一，不外乎「輸誠」、「懷柔」、「籠絡」和「敦睦」。

自漢高祖「平城之圍」（公元前二百年）後，「和親」是漢初朝廷常見的對付匈奴的策略。在武帝元封年間（公元前一百一十至一百〇五年），由原來盤據在甘肅河西走廊、受匈奴壓迫西遷到今日新疆伊犁河流域的烏孫王獵驕靡王，就娶了漢細君公主。細君公主初至烏孫，置身於大異於中原的風貌和生活習慣，感觸萬千，而留下了一首動人的《黃鵠歌》（又名《烏孫公主歌》）。歌曰：

吾家嫁我兮天一方，遠托異國兮烏孫王。穹廬為室兮旃為牆，以肉為食兮酪為漿。居常土思兮心內傷，願為黃鵠兮歸故鄉。

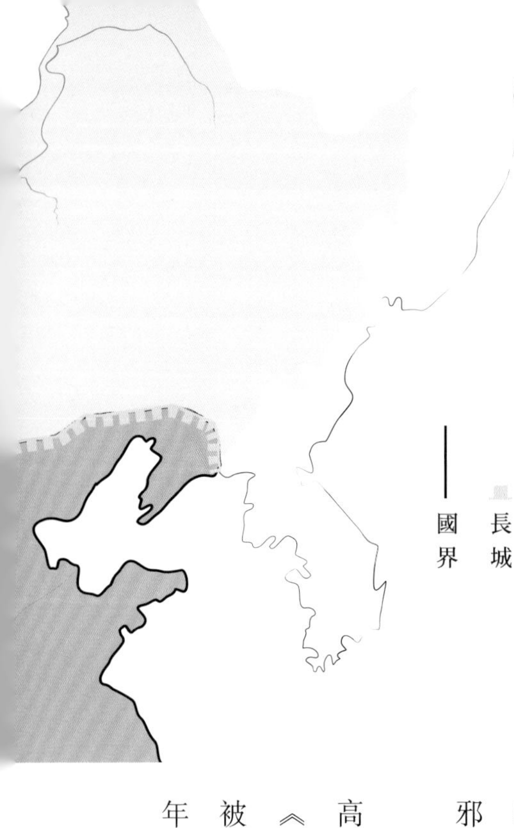

劉細君公主這首詩歌，不僅是眾多出塞公主唯一留下自白心跡的作品，也是來自中原的人們最早留下、描畫草原遊牧生活實貌的文學作品。其後，翁歸靡王再娶了漢解憂公主。這兩次的漢、烏和親，不僅推動了烏孫經濟文化的飛躍發展，現實上促成了漢室與烏孫聯軍夾擊匈奴，是在蒙古高原稱霸幾百年匈奴終趨衰敗的重要因素。公元前五十七年匈奴貴族分裂，郅支單于獲勝據有漠北。呼韓邪單于南下歸漢並請求和親。昭君就是漢元帝竟寧元年（前三十三年）應呼韓邪單于之請而遠嫁塞外的。

王昭君，名嬙，南郡秭歸人，即今湖北興山縣高坪村人，與戰國時代楚國愛國詩人屈原為同鄉。據《後漢書》〈南匈奴傳〉記載，昭君為「良家子」，被納入元帝後宮待詔。貌美、聰慧而有見識，入宮多年，因不肯賄賂毛延壽，久久未得皇帝召幸。因聞呼

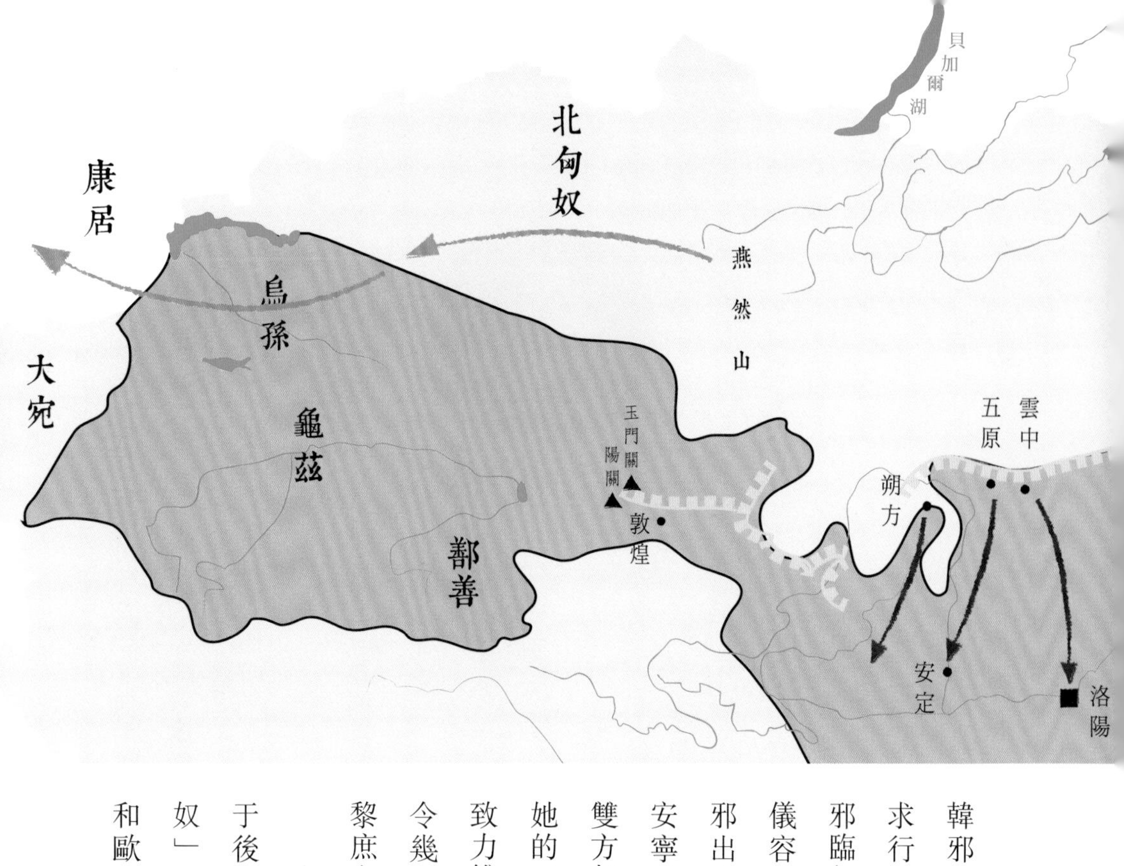

韓邪第三次入漢廷求美人為閼氏，毅然自「請掖庭令求行」，自請應召和親，得元帝批准。王昭君和呼韓邪臨行時，漢廷舉行隆重的送別儀式。昭君現身儀式，儀容行止，驚艷四座。其後，昭君戎服乘馬，隨呼韓邪出塞，號昭君為「寧胡閼氏」，認為可使匈奴得以安寧的王后的意思。「昭君出塞」之對漢朝廷和匈奴雙方都是大事。王昭君一生固不負「寧胡閼氏」之名，她的兩個親生女兒及其女婿，數十年繼承昭君的志望，致力維持漢匈之間的友好關係。由於她的出塞，結果，令幾十年「邊城晏閉，牛馬布野，三世無犬吠之警，黎庶亡干戈之役」。

東漢初年匈奴分裂成南北兩部，植下了呼韓邪單于後裔日逐王率四萬多人南下定居河套，稱為「南匈奴」。其後聯漢討伐北匈奴。北匈奴戰敗西走入中亞和歐洲草原，大漠的匈奴帝國至此瓦解。西漢晚期的

單于和親

大召寺

內蒙古呼和浩特市內遺留下來少數的歷史勝跡。大召寺內有不少建築物，圖中為銀佛殿。

墓葬中出土了刻有「單于和親」與「單于和親，千秋萬歲，安樂未央」的四字和十二字磚，就是當時人民為紀念和親而精心製作的遺物。

歷代留下關於王昭君的文學作品千百計，各有宏旨。以下三首，可代表歷代對昭君出塞的三種主要的不同評價。

杜甫《詠懷古跡（三）》是悲憫王昭君出塞的命運的：

> 羣山萬壑赴荊門，生長明妃尚有村。一去紫台連朔漠，獨留青塚向黃昏。畫圖省識春風面，環佩空歸夜月魂。千載琵琶作胡語，分明怨恨曲中論。

相反，唐人張仲素寫有一首五言詩，是頌讚王昭君出塞和親，安定邊壤的貢獻。詩曰：

> 仙娥今下嫁，驕子自同和；劍戟歸田盡，牛羊繞塞多。

至於現今昭君墓墓門前樹立了一九六三年董必武寫的詩碑，又是另一種見解吧！

> 昭君自有千秋在，胡漢和親見識高。詞客各攄胸臆懣，舞文弄墨總徒勞。

〈2〉女中丈夫的三娘子

現今的呼和浩特市，是經歷史演進、擴展而成的一個新城市。原建於明代的「呼和浩特」舊城，明朝賜名為「歸化城」，早已破壞荒棄了。現在新城內的規模宏大的藏傳佛寺「大召」和城外遠郊的「美岱召」，是初建舊城約略同時建築的僅存遺物。碩果僅存的「大召」和「美岱召」與一位為後世人歌頌的蒙古族女性三娘子，是很有關的。三娘子在中國歷史上與社會大眾的認識上，雖遠不如王昭君，年代亦比王昭君晚得多。但在中原與塞外，在漢、蒙等民族敦睦的中國歷史大課題上，她的功勛不在王昭君之下。

歷史是迴環曲折、錯綜複雜的，不容易三言兩語交待清楚。如果不作些歷史背景的説明，就不容易明白。忽必烈在中國建立的元王朝，統治不到

一百年，由朱元璋建立了明王朝，蒙古族人撤回蒙古高原。北撤後的蒙古貴族分裂成多個部落，一方面與明王朝持續的相互攻伐侵擾，一方面部落之間，彼此傾軋，爭戰不斷。這樣的局面斷斷續續的維持了二百年。約在明憲宗成化時期（一四八〇年左右），一位忽必烈後裔，名叫達延汗的東部蒙古人首領，即了汗位。他前後主政達七十年，基本統一了蒙古草原各部，並重新建立蒙古高原的秩序。亦由他開始，開闢了與明朝通貢互市的新局面。達延汗去世，蒙古各部再次分裂，到其孫俺答汗（亦稱為阿拉坦汗）奪得汗位，再次統一了分裂的蒙古各部。重新統一了蒙古高原的俺答汗，對明朝採取了主動和好的政策。在明穆宗隆慶五年，俺答汗與明朝達成協議，實行互市。俺答並受明朝封為「順義王」。俺答汗在明、蒙談判互市的過程中，俺答汗

美岱召（孔羣攝）

的年輕妻子三娘子，起了積極的推動作用。

三娘子，名金鐘，二十歲時嫁給了俺答，時俺答已六十三歲。據說三娘子姿容美貌，長歌善舞，通曉文墨，精於騎射，且明曉事理，善謀能斷。她與俺答成婚後，親領一萬人的軍隊，可見她是女中豪傑的人物。因而，俺答汗在生之年，倚之甚重。

明隆慶年間（一五七五年），俺答受封為「順義王」後，在土默川位靠着大青山，建設了第一座城寺「靈覺寺」，就是現在「美岱召」的前身。美岱召原初是俺答汗的官邸。他晚年篤信藏傳佛教，在城內修了寺廟。「美岱召」，合城堡、寺廟、邸宅為一體，功能特別。建築形式，又集蒙、漢、藏風格於一爐，是三族文化共融的時代建築。經過了四百多年的歲月，現今的「美岱召」，建築羣基本保存完整，難能可貴。不說別的，召內保存下來、描述三娘子生活事跡的壁畫，特別珍貴。四百年前的歷史在這裏凝固，是當時這裏蒙古族人生活的風情畫。

現今牛山濯濯的大青山和農田菜圃的包圍下，獨美岱召林木參天，綠蔭環繞，宛如江南的大廟宇，環境優美。趙廳長見我打從心頭喜歡這個地方的靜穆，多次打趣說：「你老是忙，不如圖冊完成後，寄寓召內一頭二三個月，專心寫作。」打趣只能是打趣，在那工作熱火朝天的日子，優悠林下，歸讀我書，談何容易。一次遠赴成陵的歸途中，趕不及回到呼和浩特市內晚飯，承大召博物館副館長臨時設便飯，款待我們。在大召這頓飯，於今難忘。難忘的不在飯菜，而是一頓酒。飯菜是家常飯菜，在疲累飢渴的時候，家常飯菜已愜意極了。副館長雖是女士，言行舉止，煞是豪邁。既然飢累交迫，一開席上坐，見有飲料，正要喝。館長連忙打住說，說飯菜前，要求大家先不要吃不要喝，先來三杯白酒，說這是與她共飯的習慣。而且補充說，喝過這三杯後，容後喝與不喝，隨閣下尊便。在內蒙古地區要是不喝酒，如喝酒，不醉無歸，哪有喝過三杯酒，可以作罷的。聽說了，心中感覺這位館長挺是開明的。眼前一看，剛擺上面前的，原來是每人三大茶杯的白酒。對她來說，或許是「晚得酒中趣，三杯時暢然」，是待客之道。尚算能喝的我，空着肚子，先來三水杯高度白酒，如何了的。說着打趣着，好不容易喝完了一杯，還有餘下的兩大杯，如喝下去，準會醉倒。這位副館長，見我臉有豫色，想到我到底是來自南方的客人，放我一馬，獨自為我喝下另二杯。連同她自己的三杯，好傢伙，接連喝了五大水杯的白酒，真駭人，而且是空腹的。本人幾十年在國內外的飲酒經歷中，這樣的飲法，算是頭一回見。所以在內蒙古說到飲酒，這次「美岱召之役」，印象也是夠深刻的。

俺答汗及後再得三娘子的襄助，明萬曆九年（一五八一年），在大青山之南，平川之上，建起了一座宏偉的城池。可惜這宏偉的塞外城市在明崇禎年間，為新崛起的滿清皇太極西征蒙古察哈爾部，徹底焚毀。僅留下了銀佛寺即今稱之為「大召」，讓人參觀憑弔而已。

三娘子在歷史上最值得稱許的，終其一生，致力推進明、蒙的友好。因她的努力，促進了蒙古文化、經濟的發展，也讓漢、蒙兩地人民，享受了幾十年的太平。歷史可以證明，中外古今，尋釁挑撥，引發事端，惹起衝突戰爭的多，甚至是歷史的常態。能互忍互諒，維持和平，抑止爭鬥，讓人民得

以安居樂業，需要很大的勇氣和智慧，歷史卻罕見。

三娘子與俺答汗結婚後的第二年，在她積極的協助下，達成了明、蒙互市的協議，結束了逾二百年明、蒙斷斷續續的戰爭狀態。自此明、蒙每年春秋各互市一次，除貿易以外，雙方官員百姓往還酬酢，舉辦各種活動，熱鬧非常。明朝的穆文熙就曾寫了一首《詠三娘子》的詩，生動地描述了三娘子與俺答遊覽互市時的風采。

小小胡姬學漢妝，滿身貂錦厭明璫。
金鞭嬌踏桃花馬，共逐單于入市場。

明大學士高拱在《伏戎紀事》感慨地說：

數月之間，三陲晏然，曾無一塵之擾。邊民釋戈而荷鋤，關城熄烽而安枕，此自古希覯之事，而今有之。

陰山下的土默川，這種二千年來農牧、民族相攘共融中的發展，是中國幾千年北方邊塞歷史一個方面的寫照。

邊塞詩雖多以征戰題材為多，歷代也留下些邊塞雙方人民之間生活共融的情景。試選些另類的邊塞詩，讓讀者體會一下。

大雄寶殿壁畫

殿西壁是一組蒙古族供養人羣像。最珍貴的是北側一位頭戴皮沿帽，身着皮領對襟袍服的老婦人，顏面豐滿，表情雍容，端坐在木几上，就是年老時的三娘子。

唐朝張籍的《隴頭行》：

隴頭路斷人不行，胡騎夜入涼州城。漢兵處處格鬬死，一朝盡沒隴西地。驅我邊人胡中去，散放牛羊食禾黍。去年中國養子孫，今著氈裘學胡語。誰能更使李輕車，收取涼州入漢家。

王建的《涼州行》：

涼州四邊沙皓皓，漢家無人開舊道。邊頭州縣盡胡兵，將軍別築防秋城。萬里人家皆已沒，年年旌節發西京。多來中國收婦女，一半生男為漢語。蕃人舊日不耕犁，相學如今種禾黍。驅羊亦著錦為衣，為惜氈裘防鬥時。養蠶繰繭成匹帛，那堪繞帳作旌旗。城頭山雞鳴角角，洛陽家家學胡樂。

唐崔顥有《雁門胡人歌》：

高山代郡接東燕，雁門胡人家近邊。解放胡鷹逐塞鳥，能將代馬獵秋田。山頭野火寒多燒，雨裏孤峰濕作煙。聞道遼西無鬥戰，時時醉向酒家眠。

俺答死後，三娘子名為輔政繼位的二王，實質仍然由她掌政。並以她的才能和威望，得到明朝冊封為「忠順夫人」，大力支持。在她主政的二十年間，不僅長期維持明、蒙邊境的安寧，其間又不斷收納了中原山西等地大量漢人，建設城池殿宇，發展商貿和手工業，大力開墾農田，使土默川成為一方樂土。她的一生，備受蒙、漢各族民眾的尊崇。美岱召之能好好的保存下來，或許來自歷朝各族對她尊重的結果。

長城內外：二千年萬里長的歷史舞台

「萬里長城」，是地球上人類一道建築奇觀，以至今日，仍然是地球上人為的最宏大的「多維工程」。

登上最為人熟知、最熱門的長城旅遊景點——北京附近的「八達嶺」，我們無不為其氣勢所震撼。險峻高聳，綿延不斷，雄偉壯麗；不同季節，不同天氣，不同時份，在大自然環境的映襯之下，婀娜多姿，氣象萬千。這就是「萬里長城」給人的觀感。

【趙、燕、秦長城圖】

■ 都城
○ 郡
■ 燕長城
■ 趙長城
■ 秦長城

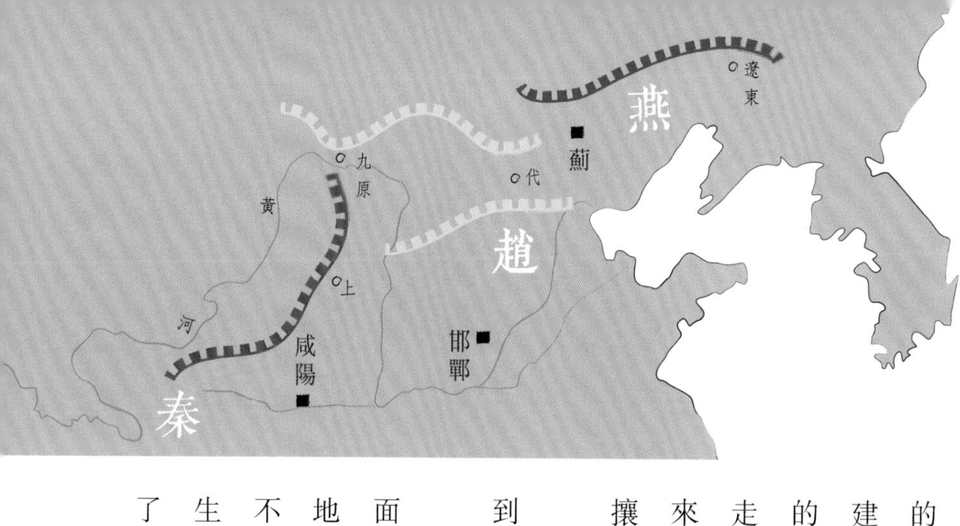

「萬里長城」，無論在建築工程、歷史意義和人文景觀，內涵遠過以上的觀感。「萬里長城」是人類地球上罕見的「多維」建築。所謂「多維」者，建築時間前後持續達二千年；直線去計算，東西長達近萬里，加上多重長城的建築，長逾二萬里；中國版圖廣闊，經緯跨度大，地貌複雜多變，長城的走向，不啻是中國地貌一道大自然的分界線；從歷史去看，長城又是幾千年來中原漢民族與蒙古高原各種少數民族、農業文明與遊牧文明之間，一道相攘的攻防線、相融的前沿地，是理解中國幾千年歷史發展的重要脈絡。

我雖然未專程完整的走上一趟「萬里長城」。幾十年來，卻有機緣從東到西，攀登過不少重要的長城地段及其關隘。

紀行説蒙古高原，長城是繞不開的。陰山下、河套間的土默川平原，上面已説過，是長城這道南北攻防線的中心舞台。其實，綿延近萬里，多重幅地的長城攻防線，從東到西分佈着大大小小的歷史舞台。每個舞台，都有其不可磨滅的歷史。長城的建築歷史，是萬年前，因地球氣候變遷，南北先民生產形態與生活方式遂異途，中國相應歷史的演進和地貌而形成的。太複雜了，一部長城史從何説起，只好擱下不説。

長城作為南北的攻防線，自戰國時期已啟其端。「戰國七雄」為逐鹿中原，相互攻伐兼併。尤其是位於北方、緊貼蒙古高原的趙、燕、秦三國，就最先各自建築長城以為防護。趙、燕、秦所以要建築長城與關塞，一方面是相互間的對壘，更重要的要防範國境以北、已發展成為強大軍事遊牧部落聯盟的匈奴和東胡的侵淩。

率先以「胡服騎射」在歷史上赫赫有名的趙武靈王，不僅抵抗住不斷入侵的胡族，趙國名將李牧驅逐了樓煩和白狄，向北開拓了疆土。並「築長城，自代并陰山下，至高闕為塞。而置雲中、雁門、代郡。」這段長城就是後世的「趙長城」。燕昭王時，因燕名將秦開北卻東胡，開拓了北境。修築了「燕長城」，從西到東，設置了上谷、漁陽、右北平、遼西、遼東五個邊郡。秦昭王時，即在「隴西、北地、上郡，築長城以拒胡」，後世稱之為「秦長城」。這戰國三雄建築的長城遺址，斷斷續續的，至今仍保留不少，是歷史最早期的古長城。

從土默川北上蒙古高原時，我們穿越陰山的峽道，約一個小時的車程，來到一段「秦長城」。幾年後，一次到包頭和賀蘭山地區旅行，攀登上包頭

固原長城（張倩儀攝）

固陽縣一段「秦長城」著名遺址。該二段秦長城，雖遠不如建築於千多年之後，北京「明長城」的宏偉壯觀，尤其是固原縣的一段秦長城，就地取材，採用黑碣色的大小石塊壘成，雖有崩塌，城牆基本保存完好。以其時的人力物力，在如此迂迴陡峭的山嶺上，築成如此體量的長城，也足令人驚歎。登臨其間，撫摸着城墻和散落的石塊。遙遠的歷史，一下子近在身邊，不油然興發感慨。既讚歎工程的艱難和雄偉，又悲憫秦民的苦役。「孟姜女哭長城」的傳說，不管真偽，卻真實的反映了民眾對築長城苦役的泣訴。秦的暴政，就是苦役過甚。苦役之用於築長城，關乎國家存亡，情有可原；苦役之於秦始皇陵等耗奢，就難寬恕了。中國歷代築長城，加上沿城長期駐守重兵，國力損耗是巨大的。此關乎國防民生，只要非窮兵黷武，發展國防，防範戰爭，古今中外皆然。在波譎雲詭、關乎存亡的形勢下，弭兵之説，書生空言而已。

上世紀八十年代初，語言學名家王力教授，曾手書自作《詠長城》詩一首賜我。詩曰：「老翁偶發少年狂，要把長城好漢當；……亡我匈奴心未死，長城今有健兒郎。」所謂詩言志，王老攀登上長城，聯想到百年中國往事的屈辱，備受外力的侵淩，且身罹國難，感慨自多，所以會肯定建築長城的歷史意義。盱衡當今，國防仍是國家民族生死存亡的大事，王老的「亡我匈奴心未死」之句，依然是警語。二千多年來中國人建築長城以自保，是一種國防觀念。反映了中華民族的對外，一直是採取「以城為固」這種保衛而非侵略的思想觀念。

秦始皇在公元前二二一年，統一了全國，建立起一個「地東至海暨朝鮮，西至臨洮羌中，南至北嚮戶，北據河為塞」幅員廣大的帝國。為了抗拒日益強大、屢屢入侵的匈奴，秦名將蒙恬，克復已被匈奴佔有的黃河南北河套等地，將其驅逐出漠南。繼而連接起趙、燕、秦之舊城塞，建築了「萬里長城」。秦皇朝着沿「萬

王力贈詩

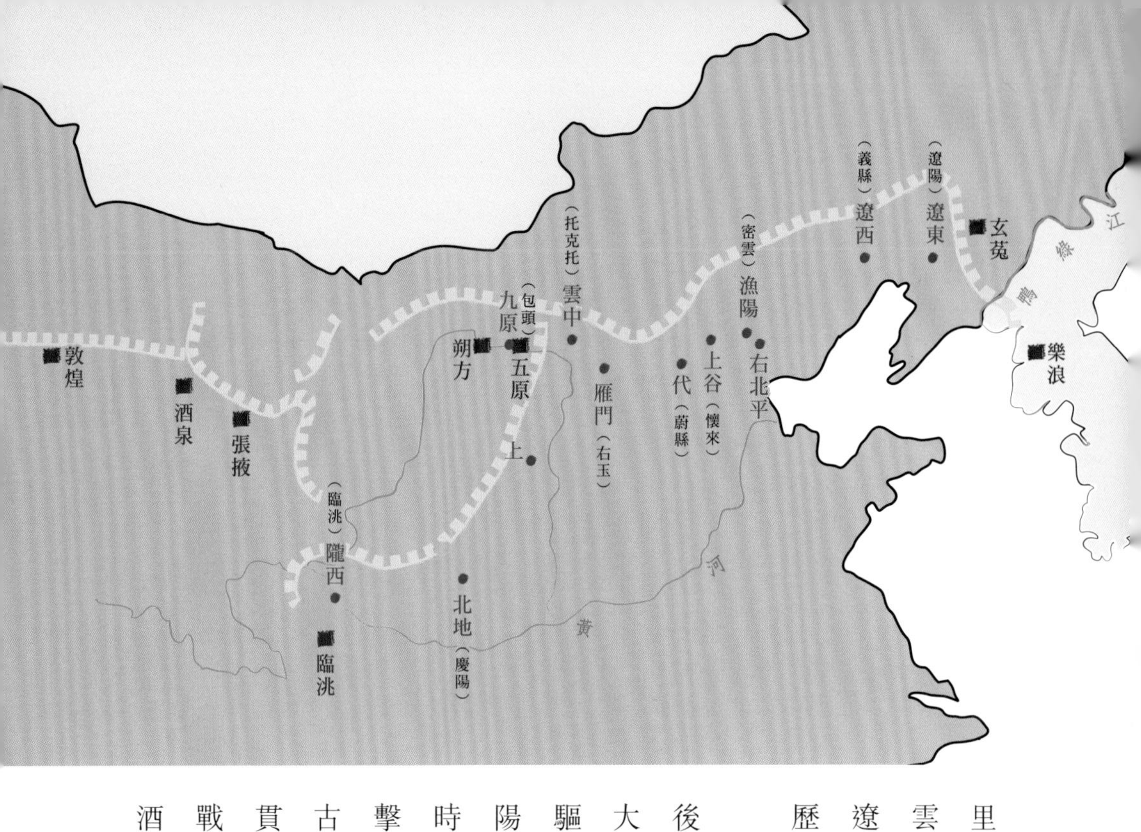

里長城」，自西至東，設置了隴西北地、上郡、九原、雲中、雁門郡、代郡、上谷、漁陽、右北平、遼西和遼東的十二邊郡。秦建的「萬里長城」和十二邊郡，歷代雖有變遷，格局基本已奠定，為歷代沿襲。

乘秦末的中原大亂，漢初的百廢待興，匈奴先後擊破位於其東面的東胡，西面驅逐據有河西走廊的大月氏，一躍而成為蒙古高原唯一的霸主。重奪被秦驅逐出去的河南和北地，且屢屢擾掠秦、漢的首都咸陽和長安。西漢經過幾十年的休養生息，直到漢武帝時，才一改前代對匈奴委曲求全的妥協政策，主動出擊討伐。並將秦代所置的九原郡，分置朔方（現在蒙古錦杭旗北）、五原兩郡，西邊又接連了甘肅岷縣，貫穿隴西、北地和上郡三郡。公元前一二一年「河西戰役」的勝利，奪取了河西走廊，陸續設置為敦煌、酒泉、張掖和武威四郡。在東北開闢了玄菟、臨屯、樂浪和真蕃四郡。到此，漢代在秦長城邊郡的基礎上，擴展了由西至東北的北邊長城與各重要邊郡。秦、漢二朝建構的「萬里長城」沿線，基本成了日後近二千年南北的攻防線，而攻防線內外重要的關隘地區，也成為大小不一的南北相攘共融的歷史舞台。如此厚重、逾二千年的長城歷史，只好由深有研究的歷史專家去著述了。作為紀遊，只能浮光掠影地描述一下。

每探遊一個地方，我習慣先讀讀與這個地區有關的歷史，翻閱一下有關該地區的一些歷代詩文。歷史著作，是後人搜羅資料經研究的撰述；歷代詩文，則屬時人當下的所感所想。歷史，可增長知識；詩文，可豐富感受，都是為了增添遊興。有了一番學習的準備，到了遊地，眼前見景是景，心中有景是景，遊景無處不在，無時不在，遊興盎然。

中國文學上，所以有「邊塞詩」這種特有的文體，與秦、漢始建的「萬里長城」，息息相關。長城內外險要地，都置有邊塞。邊塞的歷史，是認識中國歷史不可或缺的內容。邊塞詩中，地名特別多，而且大都是長城內外的重要關塞。雖然不完全是一時一地的實指，卻實實在在的是歷史上存在過，甚至沿用至今。

以前讀邊塞詩，大多從文學的角度去理解，只着意於詩詞的宏旨、寫作的技巧，不大深究詩詞中的地名。或許只記住地名，不求甚解。幾十年來，走過了中國北方邊塞地區，重讀這些詩詞，在文學、在歷史上，理解就深刻得多了，因為，文學和歷史的理解，都離不開時空。

近代史學大師陳寅恪先生開創了歷史研究的「以詩證史」，尋幽探賾。在歷史研究上，屢得新解，得以超邁前人。同時，於詩的解悟，於歷史的認識，都能賦予新的理解。歷史地理學大家嚴耕望教授，亦善於利用唐詩中大量出現的地名，尋搰推敲，在歷史地理的研究上，創獲甚大。舉一個例子以見其餘。他曾以杜甫一首《杜工部和嚴武軍城早秋詩箋證》，通過詩文，考證了其時駐城的存廢，發掘出唐朝玄宗時期，大唐與吐蕃爭持於西南的一段隱沒已久的歷史。在歷史研究上，在文學的理解上，都發千年之覆，得到正解。

山陰下，河套間的土默川平原，常常是南北相持的中心歷史舞台。不過，歷代當南北爆發了大規模的軍事衝突，戰場不期然地向東西防線蔓延，烽火萬里。「烽火萬里」這句用語，不是添造出來的，是長城南北出現戰爭時的真實描寫。

唐朝祖詠《望薊門》，說：「三邊曙色動危旌，……海畔雲山擁薊城。」只兩句，就描繪出漫長的長城戰線、風雲密佈的戰爭氣氛。「三邊」，是指幽、并、涼三個州郡，分別指今日的北京、山西和甘肅河西走廊地區。幽、并二州郡，位於長城正北，二千年來，都是萬里長城最核心的邊塞重地。鮑照有《代出自薊北門行》，「羽檄起邊亭，烽火入咸陽。征師屯廣武，分兵救朔方」。指的是敵人侵擾首都咸陽，牽動了遠駐燕（北京附近）、廣武（山西代縣西）的軍隊出兵去救朔方。朔方郡位處咸陽和長安的正北，是首都前哨邊郡。另高適的《燕歌行》，「漢家煙塵在東北，……摐金伐鼓下榆關，旌旆逶迤碣石間。……單于獵火照狼山。」詩是說到東北邊疆有戰事，隨之戰火，東向燃燒到了榆關（山海關，河北昌黎縣）和碣石（河北昌黎縣），西向再漫燃遠至狼山（即狼居胥山、內蒙自治區）。這就是「烽火萬里」的實情。

歷代邊塞詩內常出現的地名，記住了它們的地名和方位，去讀邊塞詩，腦海中自另有圖像。諳熟了中國歷代詩詞，遊覽中國大地，會遊興大增。旅行，就是追求遊興！

張掖郡的長城

嘉峪關

華山玫瑰燕山龍：南北相攘共融的始起

早在上世紀八十年初，旅行河西走廊，就見識過沿線由漢代到明代的長城與雄關。作為河西走廊最西端的嘉峪關，也登臨了好幾回。

紀遊的是蒙古高原，還是言歸蒙古高原吧！

與蒙古高原東西並行的長城，直線就有好幾千里，加上不同歷史時期、不同緯道的秦、漢、明等朝代的多重組合的長城，總長可達二、三萬里，很難遍走一回。三十多年來，雖然是陸陸續續的，有機會登臨多段重要長城和雄關。實履其地，長城融鑄在大自然，都成了天壤間的奇觀異景。

歷史離不開地理。中國史學之父司馬遷及其所撰的《史記》，成就所以卓越千古，與他的學養有關外，自年青時代起，太史公即周遊列國，採風問俗，見識廣而閱世深。顧炎武所以能寫出名著《天下郡國利病書》，亦以他懲明亡之痛，克盡艱辛，攀山涉水，融歷史文獻於實地考察的成果。歷史精粹之處，在乎知人論世。

一九八一年初次來到北京，登上了「八達嶺」和「居庸關」這兩段長城。

古北口長城

遼東長城：圖右方已是朝鮮國境

依山而建的長城

蕭關：黃土築成的長城

現今的「萬里長城」，尤其是「明長城」，中心地帶是在今日北京和天津地區。其實，戰國和秦漢以來稱為「幽冀」、「幽并」、「幽州」、「薊州」「右北平」「漁陽」等重要邊郡，就是這等區域。攤開中國地圖，上述地區位於燕山山脈以南，太行山以東，大興安嶺餘脈以西，以北京為尖端，環繞成一個三角州形的華北大平原。

長城沿線，就建築在三大山脈與平原的接壤處。「八達嶺」和「居庸關」的兩段長城，位於接近北京的正北面。北京之東，分別有「慕田峪」、「古北口」、「金山嶺」和「喜峰口」等幾段明長城和關隘，都壯觀得很。它們與「居庸關」和「八達嶺」長城，連成一氣，成為了守護燕山山脈以南的幽薊和中原地區，最直接、最重要的長城和關隘。北方民族如突破了這幾段長城和關隘，就直接威脅到北京，往南，一馬平川，可直撲華北平原。若中原王朝軍隊自此北上，通過幾段長城與關隘，穿越燕山，可以經承德一路，長驅直入內蒙古草原。北宋時由於失去了燕雲十六州，意味着宋一代，失去了燕山南北與長城內外的屏障，在對抗遼和金，一直處於被動的地位。一二一四年成吉思汗率蒙古軍伐金，蒙古各路大軍，突破的河北宣德、懷來、

【長城重要關隘分佈圖】

明代長城（北京段）
平原
▲關隘
(1)山海關
(2)喜峰口
(3)古北口
(4)慕田峪

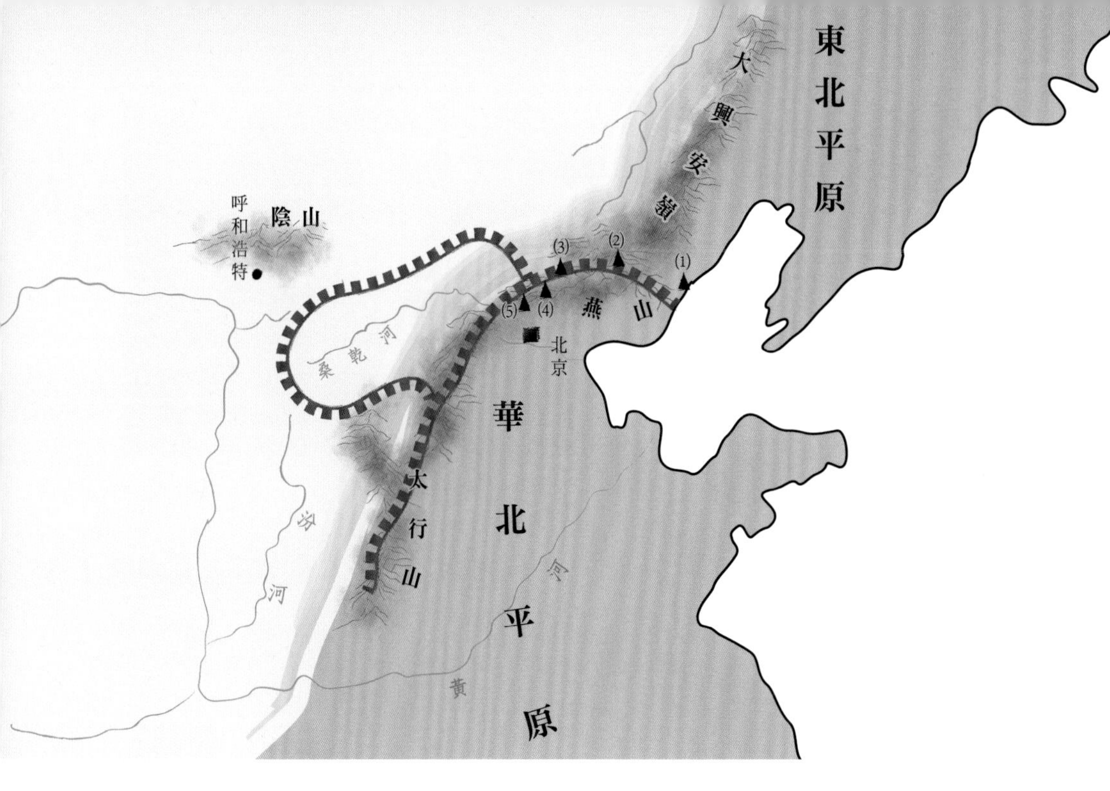

紫荊關、居庸關也是這一帶。金朝自丟了燕山南北、長城內外，滅亡只是時間的問題了。

上世紀八十年代初，為新《錦繡中華》的出版計劃，曾隨攝影隊登過這幾段長城和關隘。當時這幾段長城，尚未向遊客開放。長城，只作雄偉的中國景觀去拍攝的，對這幾段長城的地理方位和歷史內涵，沒多留意。首拍「慕田峪」長城的第一天，就夠難忘了。車隊早晨四時從北京開出，預計日出前趕登上長城。乘坐的兩輛小車，可能老舊，中途已跑壞了。要再更換另兩輛小車成行。車輛沿途爬山外，跑的都是山路泥徑，道路崎嶇，周遭環境，原始得很，有邊塞風光味兒。

為拍攝這幾段長城，前後花費了近二十天。這幾段長城，近觀遠眺，險要而壯觀，景觀絕不下於八達嶺長城。不同的是，當時未經修整過，長城沿線崩塌

近慕田裕長城的十渡

的卻不少。登另一段「古北口」長城，幾十年過去，留下的印象還是深刻的。登攀時的細節，沿途起伏不定的心情，擺弄攝影機的情景，宛如昨日的事。「古北口」自古就是燕山南北的重要關隘，交通的咽喉，今日通往承德的公路，就經過這裏。據我行走中國大地的經驗，即使走的是近代開闢的公路，往往是基於古代通路而營建的。道理很簡單，有「前路可循」。古也好，近代也好，道路都是要按着地形地勢而興建的。人類社會要走的路，何況不是？「據舊開新」是發展的不易定理。社會文化的發展當亦如此，不識舊，無以開新。可惜懂得這種道理的人，卻不多。

「金山嶺」長城在「古北口」長城之東。這段長城地勢險要，視野開闊，長城結構，各式長城的建築模式齊備而多樣，是長城建築的極致。這段長城是明朝抗倭名將戚繼光所督建。建築主力，是來自南方的戚家軍。牆磚常見「戚繼光監製」的字樣。觀摩這段長城，已明白了一代名將、一代名臣的風範。

「古北口」長城再往東，是「司馬台長城」，又稱「喜峰口長城」。攀登「喜峰口」長城，最感覺驚險萬狀的，莫如稱為「天橋」與「雲梯」的兩

古北口

處長城。「天橋」段城牆，狹隘險要，兩邊女牆多崩壞，腳下磚塊散亂，凹凸不平。城牆兩邊，萬丈深淵。踩踏不實，摔了下去準會粉身碎骨。我們沿城牆上爬，步步驚心。往上爬，只要小心，還是可以登臨的。往下爬，則不一樣。

拍攝過後離開時，我們根本不敢沿長城而下，所謂「上山容易，下山難」。我們衡量過，寧願選擇坡度較緩的地方，爬下長城，再沿山坡往上爬。多走了二小時路，遠繞到另一坡度較緩的山嶺，沿山往下走。那時氣力真好。至於矗立在懸峰上的「望京樓」的一段長城，只敢遠觀，不敢近爬了。要上「望京樓」，得要爬「雲梯」長城。「雲梯」是單面牆，一邊懸空，城牆像掛在幾乎垂直的山脊的深谷中。聽說天朗氣清的白天和晚間，可遠眺到北京城，故名之為「望京樓」。「喜峰口」這段長城，關隘險要，有河流過。流經其間的河流，原來上游就是金蓮川草原的灤河。灤河是現今河北省，即古冀州的最大河流。未到過金蓮川和元上都，不會認識灤河，不到古北口，不會留意到草原上的灤河竟會與長城有關。更意料不到的，在金蓮川所見平緩婉順的灤河，流到了喜峰口河谷，咆哮奔騰，歷史上時常泛濫，野性難馴。

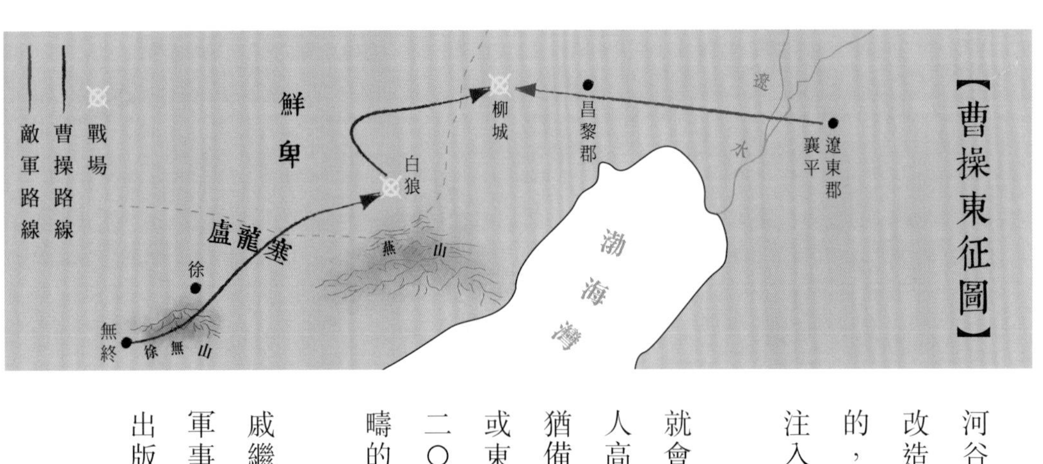

河谷湍流與重關險隘，成了長城南北的險要。幾十年前，這段灤河被馴服了，改造成為「潘家水庫」。整座關城和城牆沉在水底，只在缺水時，半遮半掩的，向人訴說它的前身。經水庫，灤河再往南流，在歷史名城昌黎縣附近，注入了渤海灣。

說「喜峰口」，或許會陌生，如果說「盧龍塞」，熟悉歷史文學的人，就會有印象。「喜峰口」段長城，就是「盧龍塞」的所在。唐代著名邊塞詩人高適《塞上》詩中，說：「東出盧龍塞，浩然客思孤；亭堠列萬里，漢兵猶備胡。」就刻劃出「盧龍塞」自古就是燕山內外的重要關塞。要北出草原，或東赴遼西，盧龍都是必經的通道要塞。「三國時代」建安十二年（公元二〇七年），曹操親自遠征烏桓和追剿袁譚兄弟的一場戰役，得幽州隱士田疇的獻計，走的說是這條路。才得以直搗柳城即現今的遼寧的朝陽而還。

北京附近這幾段的明長城，督建者是明朝建國一代名將徐達和抗倭名將戚繼光。讓人深思的，秦長城主持建築者是秦朝一代名將蒙恬。都是一代的軍事家，在他們的主持下，長城的一牆一磚，都具軍事的作用。關於長城已出版的著作，何止千百計，印刷裝幀豪華的也不少，卻少從軍事科學知識，由佈局到一些細微的設置，去解剖長城。難怪青少年興趣不大。

另外，城牆一些磚塊刻着「戚繼光監製」或其他官員監製的字樣。相信不是為了沽名釣譽，更非自詡可留名百代。這只是明朝一種質量檢查的措施，是種問責制。別以為質量檢查和問責制，是現代社會的新事物，是「舶來貨」。質量檢查與問責制，古已有之，歷史上例子也不少。登襄陽的荊州城，如留意，不時可發現牆磚刻上某官員監製的字樣。所以建築堅實，遠勝今日的「豆腐渣工程」，這種實名的問責制，可蒙混一時，躲不了事後。我們常以對歷史的無知，而厚誣古人。

說到了經「盧龍塞」的東北通道，九十年代初，為出版《東北文化》，曾遠赴遼寧省的朝陽市附近的「牛河梁」。這裏在七十年代發現距今五千五百年的「紅山文化」遺址，方圓幾十里。出現了塚墓、祭壇和女神廟建築羣，並出土了大量精美的玉龍和各式文物。一時震驚國際。由建築到出土文物去看，「牛河梁」遺址被考定，是同時期中國境內眾考古文化中，文明程度最先進的。在「牛河梁」遺址遺物所見，以後中華文明各種核心的文化傳統和特徵，已然出現，所以，考古界認定，「牛河梁」是中華文明形成的源頭之一。

「紅山文化」在上世紀二十年代已被發現，一經發現，備受矚目。此後的幾十年，有關「紅山文化」的遺址，陸續發現。被稱為考古泰斗的蘇秉琦先生，窮一生的考古研究，在八十年代提出了「中國考古文化區系類型學説」。他劃分史前到先秦時期的考古文化成六大區系。提出中國文明的起源是「滿天星斗」，分佈在中國大地的東西南北。又指出六大區系考古文化中，以渭河關中平原、晉南和豫西地帶，稱為「中原文化」，以燕山南北長城地帶、稱為「北方文化」，以山東為中心的東方以及以環太湖為中心的東南地帶，稱為「東南文化」。在六千年前，以這三大區域文化最為先進，互相間的交流，也最密切。

上述三大區域考古文化系統，又分別稱為「仰韶文化‧龍山文化」、「紅山文化」與「大汶口文化和良渚文化」。這三大考古文化系統，與中國古代傳説和文獻記載的「五帝時代」可對應。他的弟子郭大順先生，甚至具體勾勒出，距今五千五百年到五千年前，是「五帝時代」前期，五千到四千五百年是「五帝時代」的後期。「牛河梁文化」是「紅山文化」中一支先進的文化，

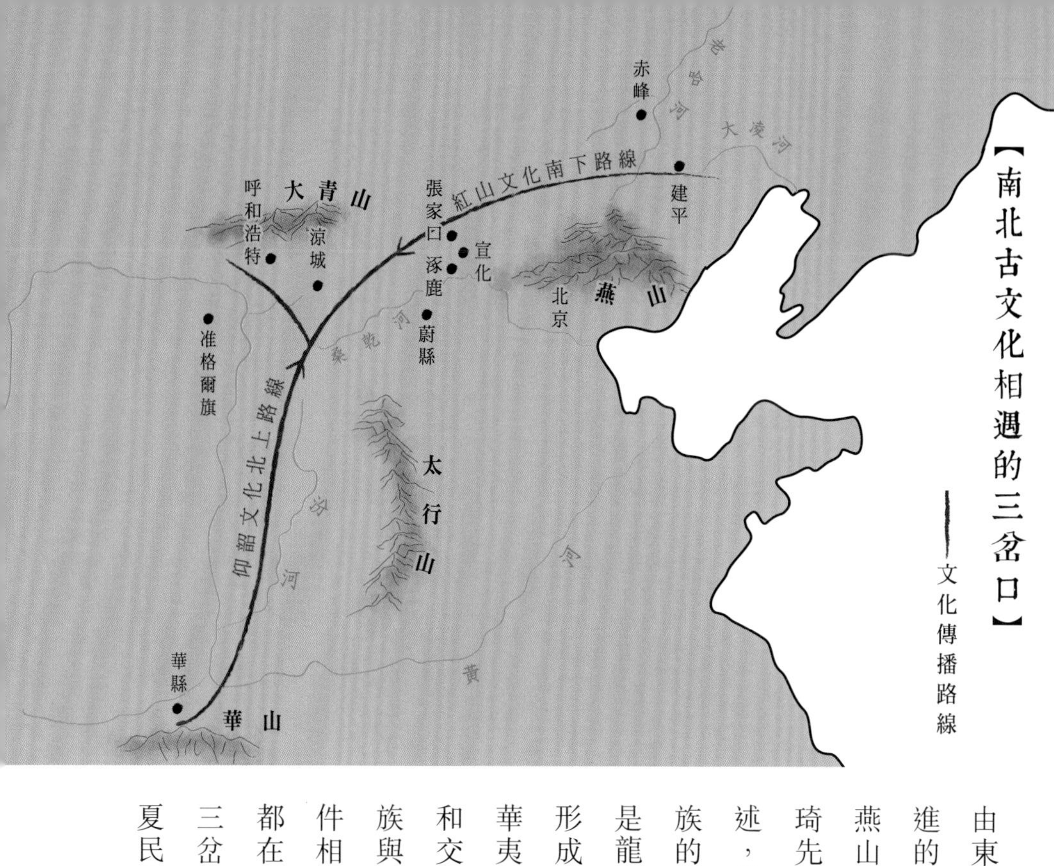

【南北古文化相遇的三岔口】——文化傳播路線

由東向西，跨越燕山南北，與「中原文化」另一支先進的文化，由關中向東，沿山西汾河上溯，兩者在今燕山之南的張家口、桑乾河一帶相衝突而交融。蘇秉琦先生以兩種文化的衝突與交融，以一首詩文學的描述，首句是「華山玫瑰燕山龍」。「中原文化」炎帝族的圖騰是華山的玫瑰，「北方文化」黃帝族的圖騰是龍。龍與玫瑰交融，就是「炎黃族」與「華夏文化」形成的始基。其後再與「東方文化」崇拜鳳圖騰的東華夷的蚩尤，由衝突而交融。這三個考古區域的衝突和交融時期，正正與先史傳說和古文獻的記載，黃帝族與炎帝族戰於阪野，炎黃兩族與蚩尤戰於涿鹿的事件相對應，是「五帝時期」的前期歷史。阪野和涿鹿都在張家口這地區，位於考古文化東西北相匯通道的三岔口上。三大區系文化經此的衝突和交融，正是華夏民族和中華文明的形成的源流。

這種根據考古發現，結合文獻和傳說，對先史和文化起源的新解釋，石破天驚。謂黃帝族出於燕山之北，甚至接近草原地帶，與上世紀初，一些據古文獻的隻言片語、蛛絲馬跡的材料，而謂黃帝源起於北方的論斷，在考古上得以證實。也與我們過去認識的歷史常識有異。可見，中國歷史和文明，可追溯到更古遠年代的燕山南北。

回程時為趕時間，我們不再返回瀋陽，改行捷徑。乘坐一輛破舊小型車，沿着大凌河，沿山隘回到河北避暑山莊。當時沒有正式的公路，沿着山路走，途中固然驚險萬狀。走了這趟，似解開了自己心中的一個歷史迷惑。長江流域的「良渚文化」有玉龍，約略同期，東北的遼寧朝陽的「紅山文化」也出現數量不少的精美玉龍，兩者似有相連的關係。但兩地相距幾千里，路途崎嶇，況且是原始時代，如何得交通，實百思不得其解。走過了這一回，明白到只要順着河谷，沿着峽谷山隘，並不是完全遮斷，沒有路走。「路是人走出來的」，這樣走，就有路。出了華北平原，再有海路，漫長歲月的移動，就形成了交通的可能。這與後面說到森林部落，從大興安嶺的密林走到蒙古高原，道理不是一樣的嗎？

最令人有興趣的，傳說中的炎族和黃帝族相攘相融的通道，與考古上的「仰韶文化」向東北發展和「紅山文化」向西南發展，相匯在燕山之下的河北張家口與桑乾河這地方，吻合如此。同是這條通道，也是日後秦漢以來，二千年南北民族和文化相攘互融最活躍的通道。史前與史後幾千年，在燕山南北、長城內外，草原中原，民族和文化的相攘相融的通道，竟如此古老，是宗祖文化起源之路。想着自己曾闖蕩過該通道，真有「念天地之悠悠，獨愴然而涕下」的感動。這次從朝陽，回到北京，走的也就是二千年來南北攻防線的東遼河、朝陽、赤峰、盧龍塞、左北平的長城內外的重要通道。

闖蕩長城　攀登雄關

屈指一數，從北京到草原和遼寧西部，已經是二十年前的事了。

想向東走得更遠，今年秋天，約同一眾朋友，結伴闖蕩遼寧、吉林為主的中國東北地區。東北地區，即「萬里長城」的遼西郡和遼東郡的所在

天下第一關：山海關

地。這裏，很早就與中原王朝有密切的聯繫。史載「及武王（周武王）克商，肅慎燕亳，吾北土也。」即是說，周朝初建國，勢力已覆蓋到這裏。戰國時的燕國，在公元前三百年建築的「燕長城」，「自造陽至襄平（今遼陽），置上谷、漁陽、右北平、遼西、遼東郡（首府在今日的遼陽）以拒胡。」長城之外，燕的障塞已設置到浿水（北朝鮮的清川江）。秦帝國建築的長城「地東至海暨朝鮮」。遼西郡與遼東郡，是秦皇朝沿着長城，建置的十二邊郡中位置最東的兩個州郡。遼河流域所經的地方，是大興安嶺與燕山一線，也是一萬年以來，屬歐亞農業與遊牧分界線的最東端。遼東郡與遼西郡的分界線是遼河。這裏是從周代出現的肅慎起，到夫餘、高句麗、到挹婁（東漢）、勿吉（南北朝）、靺鞨（唐朝）、渤海國、女真、滿清等民族，幾千年來或先後或同時生息的核心地區。

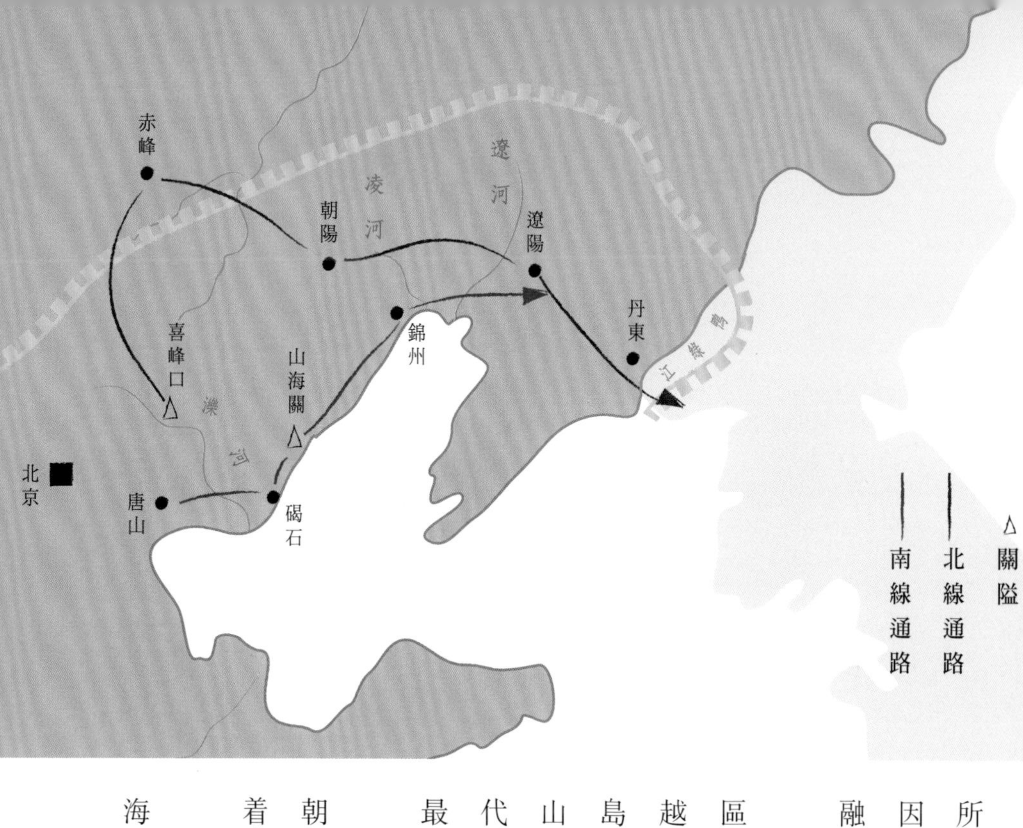

【中原往遼東路線圖】

秦漢時期長城
△ 關隘
北線通路
南線通路

所以遼東地區，也是歐亞「草原之路」的最東南端。因此，也是中國境內幾千年來，長城內外南北相攘共融的另一個重要歷史舞台。

秦、漢以來，由燕山幽薊地區，出遼西和遼東地區，主要有兩條通道：一是經盧龍塞，徐無、平崗，越白狼山到朝陽，然後向東南到襄平，再南進朝鮮半島；一是經薊州、唐山過灤河，沿着渤海灣經碣石、山海關，過凌河到遼河。遼東以東，大致去理解，歷代按地理形勢，置有三重長城防線。山海關是距中原最近的一重防線。

九十年代走避暑山莊、喜峰口、牛河梁、赤峰、朝陽等地，是遼東與中原的北線通路。這次探訪是繞着渤海灣的古通道的南線走的。

去到佇望已久、號稱明長城「天下第一關」山海關。一覽無遺，山海關樓，名符其實，很宏偉壯

老龍頭城牆外望

前方是渤海灣，遠處有小亭之處，傳說是秦朝徐福出海的地方。

觀。參觀了展示出的山海關長城復原圖，山海關長城，形勝包攏燕山和渤海灣，重城疊關，構造複雜。對城之為城的走勢，關之為關的建置，大大增長了對長城的認識。

隨之到了近年才被發現、比山海關位置更東的丹東「老龍頭」長城。丹東隔着的是鴨綠江，對岸就是世人覺得神秘的朝鮮國。「老龍頭」長城入海的盡端，全屹立於海上。該段長城也是明萬曆年間任薊總兵的戚繼光派員修建的。再到錦州古城。歷史的感慨更深了。抗清名將袁崇煥，憑藉戚繼光等修築的長城，以少勝多，以弱克強。最後竟被讒冤死。袁崇煥的冤死，終致滿清得以入關而明亡。明末的亡於清，不是天下第一的雄關和堅固的長城抵不住，只是抵不住內部衰敗的朝廷和社會。袁崇煥是我們廣東東莞的鄉賢，睹物思人，既慨歎人性泥塗，以致千古奇冤。鄉賢忠烈，

老龍頭長城

與有榮焉。來到紀念堂塑像前，由衷鞠躬致敬。

沿着渤海灣的通道，我們來到了碣石。碣石如今只是屹立海中的幾塊大石。在中國大地諸多的名勝中，風景殊不顯眼。所以遊客甚少。我們是衝着「碣石」這兩個字而來的，這個地方在歷史上大有來頭。中國東部疆域，有兩處地方，一山一水，在歷史上神聖得很。一山是泰山，一水是渤海灣的「滄海」。泰山是中國五岳之首，古代帝王東巡，上泰山是為祭天，皇帝稱天子，要保住江山永固，天不敢不祭，不可不祭，泰山不能不上。在渤海灣望「滄海」，茫茫滄海，仙山宛在，仙山求仙，做了皇帝，就祈求長生不老。不過，出身於「中原」的帝王，多見山川田原，到了茫茫大海的海邊，一望無際的景象，焉不大為震撼。

秦皇、漢武，到這裏，為祈仙，為觀海，都曾建築了規模宏大的行宮別苑。毛澤東《浪淘沙・北

碣石

戴河》一闋詞，內中「往事越千年，魏武揮鞭，東臨碣石有遺篇。」很為傳誦。遺篇指的是曹操在建安十二年（二〇七年）遠征遼東回來，到了碣石，撰寫的《觀滄海》。詞太長不全引了。中有「經過至我碣石，心惆悵我東海。……東臨碣石，以觀滄海」。然後具體描寫了滄海的景象。末段的幾句，相信最為人熟悉。就是「老驥伏櫪，志在千里；烈士暮年，壯心不已。盈縮之期，不但在天；養怡之福，可得永年。」這幾句人生的感慨，是否曹操因「碣石」是帝王和漢以來方士求仙之勝地，有感而發，則不得而知。史載曹操「登高必賦」。這《觀滄海》是他登高必賦的一篇文學傑構，可比美在滾滾長江岸邊、「橫槊賦詩」的《短歌行》，乃寫景抒情，大手筆之作。「碣石」在歷史上之有名，與幾代帝王專程到過這裏有關。秦始皇的第四次東巡，曾駐驆碣石宮。漢武帝在公元前一一〇年，由山東渡海，至碣石，然後自遼西、歷北邊九原，歸於長安以北不遠的甘泉行宮的。近年，在這裏發現了規模宏大、秦漢時的行宮遺址，坐實了史載不虛。唐太宗李世民在貞觀十九年（六四五年）親自率軍到遼東征高句麗，回程時經過碣石，「次漢武臺，刻石紀功」。

再往東行，到了遼河以東和中朝邊界的鴨綠江，這裏是秦長城的最東端，也是西漢建立玄菟郡的所在，其地也是南北二千年來相攘共融的歷史舞台。

講「萬里長城」也好，講中原和草原的南北攻防線也好，山西省，是不能不說到的。

戰國時期山西乃趙國之一部分。秦併天下，山西屬并州。秦漢以來，北方邊郡的雲中、朔方、上郡、代郡、定襄、雁門、五原、西河、朔方等郡，都在山西。可見山西在燕山南北和長城內外的重要。

近代著名歷史地理學家譚其驤說得好，「山西在中國歷史上的地位和重要性，遠過於今天的山西省。」它既是塑造了中華民族和中華文化的「中原地區」，又是「表裏河山」，幾千年來作為南北攻防相攘，民族文化共融的前沿區域。香港的國學大師饒宗頤教授，上世紀八十年代初，一次相聚，問我去過山西沒有？我回話說，去過兩次旅行。他說「你是唸歷史的，遠遠不夠。我曾連續留在山西考察三個多月。你年輕，應多些時間去山西考察！」在那些日子，責任大，工作忙，如何放得開。但他老人家這段殷

碣石出土的秦漢皇家用材的磚瓦

殷忠告，我是銘記着的。一退休，我幾跑遍山西各地。山西，也是我跑內地省份最多地方之一。

山西的邊郡，既直接面對着草原的遊牧民族，長久以來，山西地區，古稱「晉」或「并」，是南北相持的重要戰場。自戰國趙，始建長城，到秦漢以至明代，數這裏長城的建築，規模最宏大，重城疊嶂，雄關險隘林立。趙國李牧居代郡和雁門，曾破匈奴十餘萬騎。

秦漢好幾百年與匈奴的抗爭，主力戰都在這一帶。蒙恬曾率三十萬秦兵，於此逐匈奴出塞外。漢高祖在晉陽與匈奴連場大戰，北至樓煩，遂有平城白登山之困。幸得陳平之計，才得脱身。漢文帝因匈奴入雁門，親自帶兵到太原和代郡，出擊匈奴。武帝時王恢三十萬伏兵馬邑，以誘匈奴。元狩二年（前一二一年）及四年（前一一九年），武帝對匈奴發動三個大規模戰爭。并州地區是戰爭的基地，漢將衛青、霍去病等，由雁門、定襄等地出塞，揮軍入大漠，斬匈奴王侯等十餘萬。秦漢以後，并州地區一直是南北防線的重要戰場。

正如李白詩句説，山西是「由來征戰地」，也是歷代出武將的地方。三

偏關老牛灣留影

國時代的關雲長、呂布、丁原、張遼，都是并州人。邊塞詩中，褒賞幽并男兒之勇猛特多。曹植在《白馬篇》「幽并游俠兒。少小去鄉邑，揚名沙漠垂。」隋朝虞世基《出塞》有「山西多勇氣」之句。唐代詩人也留下不少相關的名句。李頎《塞下曲》說「少年學騎射，乃冠并州兒。直愛出身早，邊功沙漠垂。」薛奇童《塞下曲》亦有「金鞍誰家子，上馬鳴角弓。自是幽并客，非論愛立功。」戎昱《出軍》更謂「中軍一隊三千騎，盡是并州游俠兒」等等，不一而足。

并州既是由來征戰地，自古又是燕山和長城內外的交通要道。前十世紀《穆天子傳》周穆王經雁門關，經雷水（或稱漯水，即桑乾河）受犬戎宴請。歸途自太行山東麓南下，經黃河流域西行回宗周的。

自魏晉南北朝以來，洛陽與盛樂之間，經雁門、太原，交通頻繁。肅慎、挹婁、高句麗等中國最東北的民族與朝鮮諸國，向洛陽北朝各代朝貢，就是經這條通路。

我從少迷戀宋代「楊家將」的故事，雁門關自少就刻在我心中，成為很嚮往的歷史地方。可惜屢屢去不成，去年才一償宿願，以雁門關為主要

山西近長城各地有不少原是城寨、城堡和老兵營而形成的民居。右圖是古代軍營內的民居，左圖乃山西居住在忻州老營鎮上的三位唸小學五年班小朋友，在城牆上留影。

目標，遍遊了山西的眾多長城和雄關。歷代邊塞詩，說到雁門郡或雁門關的，為數甚多，可見其在歷代軍事上的重要性。雁門關、寧武關與偏關稱為明長城「外三關」，都去過了。雁門關是「外三關」中最大的關城，有號稱「兩關四口十八隘」的防禦體系。登上雁門關樓，極目長城，沿着山巒起伏，綿延不斷，狹小古道，盤旋曲折，壯觀無以復加。

趙國時的李牧、漢武帝時的衛青、霍去病、飛將軍李廣，都曾在雁門關建功立業。北宋雁門關一役，楊家將父子的壯烈，更傳誦千秋。寧武關現在只得一座城樓，矗立在寧武市。北向羣山，雖市廛擾攘，仍感到它的雄偉。攀登上關樓，樓層少有的崇偉高大，出乎意料。

途經偏關前，我們探訪過幾個仍然有民居的古營堡。原為古代軍營和軍屬住地，模樣不變，承傳了幾百年，很難得。偏關位於在內長城的西端、緊挨黃河入山西南流之拐彎處。歷史上的匈奴、突厥、契丹等的南犯，多從該關突入。著名的「老牛灣口」在偏關縣北三十五公里老牛村，是黃河與長城的唯一交匯點，也是內外長城的結合處。黃河與長城，一是象徵了中華民族的母親河，一是代表中華文化的脊樑。站在其上觀望，長城繞着黃河，黃土

大佛寺

萬里，對岸是內蒙古，真有清初大文人朱彝尊《出居庸關》所詠「榆林只隔數峰西」的感覺。

山西地區長城幅員廣闊，從東太行山到黃河河曲以東，內外明長城，都輻湊在這裏，雄關林立。經此一遊，對長城內外的形勢，長城作為軍事防衛系統的立體佈局，甚至長城內外民族混居與交流的痕跡，才算有一較全面的初步認識。

整整三十年前的事了。

編輯出版《千年古都西安》，為拍攝長安與「絲綢之路」的遺跡，我們由西安北上，沿着涇河，經過咸陽，乾、昭二皇陵，再北上彬縣（邠縣），參觀了邠縣位於涇河南岸的大佛寺。大佛寺依山而建，建於唐貞觀年間，望之巍然，各式佛像豐富多彩，色彩斑斕，粲然可觀。這裏，引起我興趣的，在距大佛寺約一百米處，竟就是「絲綢之路」的古道。

河曲：對面是內蒙古地區

雁門關長城

雁門關

山西廣武城

山西城堡

寧夏的蕭關：下方為絲綢之路古道

今夏，探訪了寧夏，去了銀川。銀川就是長城西境，著名關城「蕭關」的所在地。銀川往東南走，來到另一個長城西部的重要關城固原。固原一名沿用至今，古意盎然。寧夏地區，長城遺址隨處可見。因為自周代的羌族，其後的匈奴、吐番與西夏幾千年來少數民族就出入這裏，又是歷代長城內外相攘共融的重要舞台。

由固原再向東南走，接近甘肅省的地方，參觀了開掘於魏晉南北朝至唐代的「須彌山石窟」，這石窟號稱中國第四石窟。石窟前面也是沿谷而走的「古絲綢之路」。周圍環境很奇特，山巒起伏，谷澗綿延。大環境就是六盤山。溪河沿深谷東南流，翻越山嶺，經過甘肅平涼這地方。說到了六盤山，一二二六年成吉思汗曾親自率軍征戰西夏，在今寧夏黃河兩岸，盤龍大戰，攻下了靈州，即今銀川。蒙軍重重圍困了西

夏的首府中慶府。成吉思汗曾在六盤山避暑，後在秦州的清水駐地去世。靈棺經過了鄂爾多斯的金伊金霍洛，在此設衣冠塚，這就是「成吉思汗陵」的來由。

沿涇河走，不遠，就來到陝西境內的長武縣，再走，就是三十年前到過的邠縣了。由邠縣出平涼到固原，原來是古長安西出河西走廊絲綢之路的北路。北路上的固原和蕭關，就是守護關中長安的第一道關隘，是萬里長城攻防線的西邊的重要舞台。這裏是西邊守護關中到首都的第一道要塞。王維著名的《使至塞上》「大漠孤煙直，長河落日圓。蕭關逢候騎，都護在燕然。」描寫的正是寧夏河套和「大坡頭」這地方。這裏沙漠連着寬廣的黃河，黃沙接着黃水，遠眺是重巒不絕的賀蘭山，完全是一派大自然的造景。王維另有《隴頭吟》，「長安少年遊俠客，夜上戍樓看太白。隴頭明月迴臨關，隴上行人夜吹笛。」唐代顧

須彌山石窟留影

非熊的《出塞即事》，「賀蘭山便是戎疆，此去蕭關路幾荒，無限城池非漢界，幾多人物在胡鄉。」明代李夢陽《出塞》，「晨發靈州更西望，賀蘭千障果雲霄。」皆寫盡了這地的邊塞風貌。

歷代邊塞詩常出現的地名，「隴頭」、「隴水」、「隴上」、「賀蘭山」、「蕭關」，指的都是這一帶。這裏是古羌族、匈奴、林胡、吐蕃、西夏的党項等活動的地方，是「萬里長城」西邊要塞，亦因此，又是幾千年來南北一個相攘共融的歷史舞台。

三十多年過去，原無預設的計劃，竟然盲闖亂撞的走過了秦漢「萬里長城」的全線重要地段，也攀登了沿長城的不少雄關與關隘，認識了幾千年來南北的重要相攘共融的歷史舞台。蒙古草原結合了長城，用腳和眼睛，再讀了一遍中國的歷史。

賀蘭山

銀川河套遙望：黃沙接黃水

中卷

森林・草原

森林民族的原鄉：興安嶺

在十二、三世紀，橫掃歐亞大陸的蒙古鐵騎，民族遠祖原是生活在中國最東北的大興安嶺的森林中。在大興安嶺時的蒙古人先祖，也是森林的狩獵部落。約在八世紀唐朝時代，從森林中走出來，首先進入了現今室韋鎮和額爾古納河一帶地區。這帶地區，鄰近森林，適合他們由狩獵森林生活向草原遊牧生活的過渡。蒙古人先祖如何進入大興安嶺森林，又如何走了出來，史著有着神奇動人的傳說，近年亦得到一些考古發現的實證。所以，大興安嶺的森林，是曾建立過世界歷史上最大帝國的蒙古人的原鄉。蒙古族以外，不少曾活躍於中國歷史甚至世界歷史的草原民族，其原鄉也在大興安嶺的森林。遠在中國東北的大興安嶺，大多數人的印象，總覺較為原始。看似亙古未變的大興安嶺，卻有着人們意想不到的悠久而豐富的歷史。

要追尋蒙古高原的遊牧文明，上大興安嶺去追尋更古老的森林狩獵文明，就成為理所當然的目標，即使只留下了吉光片羽，或則只是去感受下大森林的面貌，也是值得的。

森林，是人類的原鄉：人類最早、最原始和最漫長的日子，是在森林遊獵、漁獲和採摘生活中度過的。一萬年前，人類踏入了新石器時代，才崛起農業定居與草原遊牧的新生活。一萬年歲月的推移，森林在草原遊牧、農田耕種與城鎮建立的蠶蝕下，不斷往後退卻，賴以棲身的遊獵民族也日趨沒落。尤其在近二、三百年工業化的推波助瀾下，變本加厲，加速了森林在地球上的萎縮，狩獵民族更凋零，幾至消亡。在中國大地上，大興安嶺這樣廣寬的原始森林或次生森林，原來還遺存着原始時代綿延下來的狩獵民族，在世界範圍都是罕見的，也是人類文明的孑遺！

人類因文明階段的興替而進步。弔詭的是，這種一往無前，甚至罔顧一切的進步，又造成了自我的極大傷害，甚至隱藏自我毀滅的危機。當前人類正嚐到過度斲伐人類原鄉的森林的苦果。生態破壞，天氣愈來愈過澇過旱，就夠人類擔憂的。在現今世界上，依然大量墾伐如故。經百多年的過度墾伐，大小興安嶺的原始森林，面積已大幅減少。現存的大多已是次生森林。但是，大小興安嶺仍舊是中國最大的森林區，也只有大興安嶺，仍舊留住着歷史久遠、保持着遊獵生活原型的孑遺的古老民族鄂溫克族、鄂倫春族和達斡爾族。

整體規劃合理的江南水鄉

石壘地基的木房子

這在當今世界也是罕見的，是活歷史，尤其在古文明發展最久遠、最繁盛的歐亞大陸。

蒙古高原很多民族，只有語言沒有文字，生活形態以外，語言是判斷其族屬的重要根據。鄂倫春是「馴鹿的人」、「山嶺人」的意思。對他們的原始族屬，年代久遠，民族混變，難免有不同的說法。大抵較可信的，可追溯到在公元前後，與匈奴前後稱霸蒙古高原的東胡族的室韋系。這些狩獵的民族活動範圍是：西從貝加爾湖以東，東抵黑龍江以北到庫頁島的森林地帶。黑龍江上游南北，在魏晉南北朝時代，是室韋族分佈的地方。室韋是一種生活形態相近的部落的共稱，內中分不同的室韋，鄂倫春和鄂溫克族屬於北室韋。

鄂倫春族住在大興安嶺之東，鄂溫克族在大興安嶺之西。兩者的語言，都屬於蒙古高原最主要的語系阿爾泰語通古斯語。而達斡爾族屬蒙古系，較早已進入農耕定居，在內蒙一直主要生活在索倫河和根河一帶。

我們到大興安嶺首個目的地，是滿歸鎮的敖魯古雅鄂溫克自治鄉。

從大興安嶺中部的根河市出發乘車北上，沿路都是山林，路是山泥路，也平緩，不像爬山路。路兩旁，長滿的多是白樺樹、落葉松和不知名的各種

外壁敷曬牛糞的川藏地區房子

歐洲式裝置的房子

樹木。途中，不時出現開闊的農田和小山莊。山莊的房子都是木造的。房子前的園園，多堆滿作柴火用的木段，房子的下半部，多用石塊壘成，兩者整齊有致，擺弄的像是一種裝飾，很有地方風味，這是一種生活實用的藝術。

可見，日常生活中，都可以有美的擺佈，藝術可以無處不在。藝術不全是藝術家們的事。失去美的心靈，人的生活就變得枯燥和庸俗。美，也不一定要錢財來堆砌的。現在內地的一些地方房子蓋得很堂皇，雜亂無章，與周遭環境不協調，沒有地方個性，顯不出有美的觀感。反而來到一些大家認為「落後」或者「古老」的地方，倒見到村落有整體規劃，合理的生活佈局，房子外部富有地方色彩裝飾，自成風貌，看到了，特別讓人有美的感動。如山西古堡村落，房子都是就地取材，以石塊壘成。遊川西藏東的地區，住宅外壁上敷曬牛糞，弄成圖案，竟成亮麗風景。在歐州旅行，如何簡陋的房屋和村落，都鋪種或掛着花團錦簇的盆栽，份外吸人眼球。這就是生活的趣味，是生活美的人為裝置。回程時是傍晚時分，斜陽映照，黃澄澄的陽光洒透森林，村莊顯得格外溫煦燦爛。牛力車拉着滿堆的麥草在馬路上走過，留下了長長的身影。村莊上炊煙裊裊，為藍天綠林抹上色彩。如此這般的情景，對

時近黃昏，往大興安嶺的泥路上

南方長大的我，倒像一幅幅初接觸的北國風情畫。

車走了半天，來到了牛耳河一帶，已屬大興安嶺的北部，山勢陡然升高。停車稍事歇息，登高瞭眺，極目漫山起伏，密林覆蓋，雲霧繚繞，松濤如潮海。直如清人查慎行《登興安嶺絕頂遠眺》的詩句描畫的「丹青不數東南秀，俯仰方知覆載寬。萬里乾坤千里目，欣從奇險得奇觀。」去年，相隔了二十年，重臨大興安嶺。已可以沿着人造木構的行道，登上阿蘇里林木觀賞區，居高望遠，視野寬廣，更得查詩景致。到底是急促發展的二十年，大興安嶺的風景線有着不少變化。木房子都成了新的洋房，泥馬路都成了柏油公路，汽車好駛了，車程也縮短了。開發的觀賞點更方便了遊客。不曉得是道路改了線，還是這次未走更北的滿歸鎮所致，公路兩旁雖仍是看不透的密林，但未再遇上第一次來時的難忘的景象。二十年前，車穿過大興安嶺的路上，兩邊「松林隱隱八百里」，時常車走上一二個小時，不見天日，沒啥人煙。間中尚能見到森林中，樹木上托掛着木棺，這是森林狩獵民族自古以來的習俗。據《黑龍江外記》：

呼倫貝爾布特哈，人死掛在樹上，恣鳥鳶食，以肉盡為升天，世

森林上的樹掛木棺（孔羣攝）

有烏葬樹葬之説，即此俗。

又《黑龍江志稿》載：

鄂倫春人，……其在森林遊獵者，凡死者用大樹鑿穴殮之，置於高崗樹叉上，一年後埋之，殆有上古樹葬之風矣。

未到達滿歸鎮，不期在車上外望，尚得見此行之幾千年的原始風俗。幾十年遊走各方，時有巧遇奇逢，如此之類也。

我們的坐車，完全隱沒在幽深不可測的密林中。路兩旁林木參天。向前看，是視線以內的馬路，往外向上望，是一線天。這樣地走着，當時我感覺，有如《封神榜》連環圖中，「哪吒大鬧東海龍宮」的一幕。腳踏着火輪，風馳電掣，走在海底，兩旁是排空高的海水的模樣。怪乎有「林海」這個用詞了。未遇其景況，很難有真切的感受。車程中，不全是大森林。時

遠眺大興安嶺森林

近觀森林：林木參天

或會來到一些開闊平緩地帶，一如平原，然而，平原周圍仍然是茂密的樹林，換上另一番景致。這是大興安嶺特有自然地理的現象，起伏無際的密林中，散佈着棵樹不生，只是山坡開闊的平原，森林夾着高山草原，涇渭分明。這是大興安嶺東西不同氣候，南北不同陰陽的環境形成的。經過密林，也時常見到河流。遠看蜿蜒如帶，嬈曲多姿；俯覽近觀，河淌的是黑水，卻透澈清洌。想像一下，換了冬妝，就成了「白山黑水」的景況了。呼倫貝爾大草原之所以河道縱橫，著名的黑龍江之所以終年河水滔滔，大興安嶺百川千水，是不盡的源頭。

敖鄉學校：與鄉長和校長合照

森林原鄉最後的守護者：鄂溫克族

敖鄉，地處中國的東北角，汽車再往北方走上兩小時，即可到達中國疆土最接近北極圈的漠河邊鎮。來到敖鄉鎮，眼前只見排列整齊的好幾十間磚築的平房。鎮內一所學校，時八月暑假，寬闊的校園靜悄悄的。其實，鎮上也異常靜悄悄，不見豬狗，也聽不着雞鳴。與內地村鎮雞犬相鳴的情景不大一樣。偶爾才碰到一二位居民。據說，居民大都上山了。所謂上山，是到大興安嶺的深林中。這處的居民，生活的家，依然安在山林中。

想不到，這裏有一座很好的平房式的博物館，陳列着是鄂溫克族人近、現代留下來的各種文物。有狩獵捕漁的各式工具、日常生活用品、宗教信仰儀器，也有各種生活用的工藝品。鄂溫克族沒有文字，清代時期的往事，靠的已是傳說。十八世紀之前，鄂溫克族仍淹留在千年以前的生活形式。生產和生活用的大都是如木弓、骨鏃和石器等原始材料做的工具。用上金屬，使用火槍，只是近二百年內的事。我們眼中這麼簡單的金屬和火槍的使用，一下子就改變千百年鄂溫克族的生活形式。正如只三十年的開放，中國內地

在敖鄉做的樺樹皮用品（孔羣攝）

千百年的農村，一瞬間全改變了。

直到二十世紀五十年代初，鄂溫克族的社會仍處於原始社會的末期——處於父系仍遺留母系的社會形態。在博物館走一圈，陳列的文物為我揭示了興安嶺森林的二百年變化，保留了一去不復返千萬年森林遊獵生活的一些原貌。該博物館現在已遷到了根河附近，館的建築和陳列，比以前現代得多，但展出文物卻不如舊館的多，說是面積所限，不無遺憾。

「鄂溫克」，是「住在大山林中的人」的意思，也是一個很古老的民族。自古以來，從貝加爾湖東到黑龍江以南的寒溫森林地帶，都是他們的活動範圍，千百年來，以狩獵捕漁和飼養馴鹿為生。唐朝時，以額爾古納河和黑龍江為腹地室韋部落羣中，稱為北室韋和鉢室韋的，就是其先祖。從大興安嶺走出草原的蒙古族先祖蒙兀室韋，也屬室韋部落羣的成員。但是，蒙兀室韋屬於蒙古語族系統，北室韋和鉢室韋卻是通古斯族語系統，與中國史籍記載的肅慎、挹婁、勿吉、靺鞨、女真是同一個語族譜系。室韋，是由地緣和森林遊獵生活形態組成的部落羣。在森林中的蒙古人祖先，過的就是博物館所見鄂溫克族相近的遊獵生活。唐代時剛從森林走入額爾古納河草原的蒙古人

鄂克溫族人生活

鄂克溫族人——與老人合照

祖先，過的還是狩獵結合遊牧的生活。與鄂溫克族一樣，在大興安嶺另有歷史悠久的鄂倫春族，變化亦如此。清朝方觀承，來到了鄂倫春族的地方，有詩紀事說：「鄂倫春隸索倫圍，廬帳千家裏樺皮。大樹驚貂憑犬得，深山野鹿任人騎。」

據說，現今鄂溫克族人仍維持養麋鹿的族人，大部分在大興安嶺，只餘下極少數。大部分居住在大興安嶺和額爾古納河之間，過的大都是草原遊牧和農業定居的生活。幾千年來，不少地方人類生活形態的演進，都是從森林遊獵走向草原遊牧，再走上農業定居的。近二百年，這種演進，也無可抗拒地，降臨在中國大地作為狩獵民族最後孑遺鄂溫克族和鄂倫春族的身上，甚至躍進到現代城市的生活。留下在敖鄉人口不到二百的鄂溫克族人，在上世紀五十年代，每個獵戶在新建鎮上都有政府供應的定居房子。不過，直至九十年代，有些獵戶和獵民仍維持着在山上狩獵和飼養馴鹿的生活。這是我們首選敖鄉鄂溫克自治旗為第一站的緣由。得一位年約三四十歲的鄂溫克女族人的帶領，我們入山探訪了森林深處的兩家獵民點。這是一位五十年代下山定居、而且接受過現代教育的第一代族人。她的母親曾是個薩滿。薩滿教

撮羅子內牧民在晾肉乾（孔羣攝）

是中國北方森林和草原民族最古老、最普遍的宗教信仰。蒙古族人，就是信奉薩滿教的。成吉思汗本人，最信奉的仍是薩滿教。

先來到的一家，四代人約七八口，住在傳統的「撮羅子」裏，「撮羅子」又稱「仙人柱」。約二十平方米大，帳內旁側有床，搭有架子，滿掛着風乾的肉條，中間設有火爐，正在烤薄餅。家用器具，甚至身上穿戴，大都是樺樹皮和動物皮毛做成的。「靠山吃山，靠水吃水」這種人類長久以來的生存道理，一看了然。現代社會尤其是大城市，人們已失去了這種感覺。失去這種感覺，就會失去敬畏大自然的心靈，失去敬畏大自然的心靈，人就變得自以為是。或許說得過於深文周納，追本溯源，人類文明的初啟，甚至可以說從敬畏大自然開始的。這獵戶養着近百頭的馴鹿，馴鹿俗稱「四不像」，屬寒溫帶特有的動物。馴鹿雖說是

搭建撮羅子

飼養的，卻野放。我們剛好碰上馴鹿回來吃鹽和避蚊，一家人為此各自忙着。放暑假回到山上的孩子們，騎在馴鹿上玩耍。方圓幾十里，就只這戶人家，荒山野嶺的，看來生活何等簡單寂寥。私下問起他們，從七八十歲的老人家到七八歲的孩子，都毫不猶豫地說，喜歡留在山上。一位年約五六十歲的女主人嘮叨着告訴我們，比起以往，現在山上滿是人，太喧嘩了。因為他們以前方圓幾百里，可能只有一二戶人家。現在山上走動出入的雜人太多了。她又說，每次進城，都很頭疼，容易迷路。她指的城，是海拉爾市，二十年前我到過的海拉爾市，只有幾條街，可能我只是走進市內其中一個區份。三四層樓房，筆直的、可一眼望穿的街道而已。與現在已成大城市的海拉爾市是兩碼事。在我們看來，漫無邊際，人在森林內不見天日，也分不清東西南北方向，她卻說，走周遭幾百里內，從不會迷路。為了讓我們拍攝著名的「撮羅子」，兩位青年族人特別選了一個多松林的地方，表演搭「撮羅子」，就地取材的連砍樹到搭成簡單的「撮羅子」，不到一個小時，利落得很。這戶撮羅子人家的外邊，除了馴鹿外，我留意到搭着一個相當大的架子，架上放滿似是由樺樹皮做成的大小箱子，架子比人高得多，要用爬梯才可以攀上去。

馴鹿羣

小孩子騎馴鹿

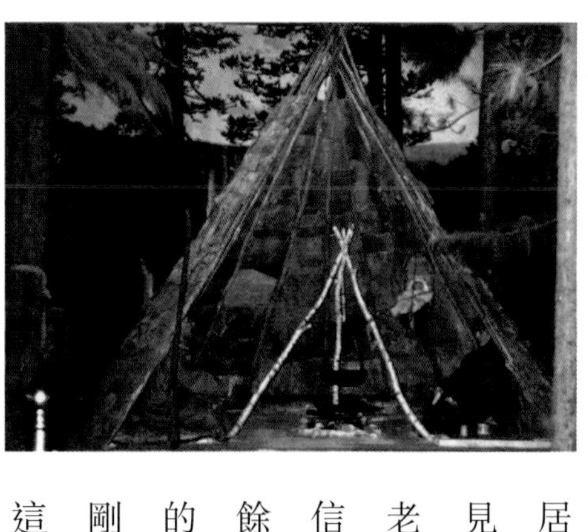

小撮羅子

據他們解釋，這是他們儲藏各種用品和食物的貨倉，稱為「奧倫」。「奧倫」不僅放在外邊，如主人遠獵出去或遷移到其他獵場，方便經過的其他獵民，有需要時可挪用或借用。用高架，防的是森林野獸。了解如此這般事情多了，就了解到森林中，不盡是現代人理解弱肉強食的「森林規則」，而另有長久承傳下來的不少良規美俗的「森林規則」，他們的一些規則和觀念習慣，可令「文明的現代人」慚愧的。

我們再到另一家獵戶，「撮羅子」就很簡陋，或者屬臨時放牧馴鹿的居留點吧！住着的只一個人，就是帶路人曾當過薩滿的媽媽。想着竟然能見到一位碩果僅存的薩滿，機會難得。我們拚命地探問關於薩滿的種種。老人家很隨意地談着，由她女兒翻譯，但她的女兒總不願她說得太多。相信是新一代認為這是封建落後的東西，又或者解放以來的泛「反封建」的餘悸影響。二十年前，仍未有現在覺得是一種文化遺產的念頭。有形無形的「文化遺產」，不少都是在社會新舊過渡期間，不經意中消失的。去年剛去過大興安嶺，導遊金小姐說與這位薩滿老人家有親戚關係。據她說，這位末代薩滿在九十以上的高齡才去世的。真是福氣，能探訪親炙過有千百年歷史的原始宗教的最後薩滿，對我這個學歷史的人來說，這一份緣份是重甸甸的。中外學者研究這種古老宗教的著作不少，有興趣可找些來閱讀。薩滿教，作為歐亞大陸北方民族有悠久歷史的原始宗教，其歷史和人類學上的意義是重要的。中國北方不少的民族，鄂溫克族以外，鄂倫春人、達斡爾人、夫余、赫哲人、滿族人和蒙古族人都信奉薩滿教。清代北京皇宮紫禁城的乾清殿，就設有拜祀薩滿的地方，可見滿族人之敬重薩滿教。薩滿教最大教旨是「萬物有靈」。薩滿，是人神萬物的「通靈使者」，為族人除病驅魔祈福。以一個沒有研究的我來說，薩滿傳說的一些「特異功能」，我相信是森林民族長期生活中，掌握了大自然間動植物與山川氣候、甚至人體功能的規律而積累的經驗。動植物皆有情，甚至可說成是有靈，這是人們常輕忽的。薩滿們幾千年的傳承積累，懂得了一般人不認識的動植物的「情」和「靈」，這就是薩滿們能有一般人所無的「特異功能」。相信日後大都可以用科學說明的。至於擁有一些特異功能，變得神秘而服務於宗教，其意義又是另一回事了。

人們的生活心理是很複雜的，不好以一己的生活習慣和心理，去妄自指摘人家，這是很淺薄的。活在「動感」的都市的我們，耐不住一點兒寂寞。郊野農村也耽不住，更何況荒漠的原始森林。心內只一個自以為是的念頭，感覺「落後」，這樣對他們的心理，對自然生活的喜悅，永遠不會明白。這完全是大城市人的小心眼。

薩滿衣飾

近年，為保護森林，亦為適應現實和保障鄂倫春族人的生活，政府讓他們從滿歸鎮，集體南搬到根河地區的鄂倫春族自治旗的牧民定居點。這裏也成了新開發的旅遊景點。比之在滿歸所見，大大少了原始味道了。幾十年來，鄂溫克族人搬遷過很多次了。從奇乾到龍山，再到敖魯古雅。鄂倫春族和鄂溫克族的狩獵民族，千百年來，本就是以遷徙為常的。從西伯利亞的貝加爾湖到大興安嶺。在大興安嶺北部方圓千里的森林，都是他們驅着馴鹿，逐苔蘚而遷的。近幾百年來，俄人東進，森林資源破壞，狩獵民族生存天地愈來愈小了。

各種交通和資訊溝通日趨便利，到了無遠不屆的地步，森林變得不太遙遠和神秘了。甚至地球上再難有秘境了。現代式生活和人的價值，日漸滲透到地球的每一個角落，大興安嶺的狩獵民族的孑遺何獨不然。如何保護、保存一種古老生活形態，是世界性一大難題，沒作研究不好好周致思考，率爾妄評，只反映了無知。二十年來，世界因科技的發展的丕變，對我們城市人也是史無前例的，我們覺得進步與方便之餘，也眼睜睜看着我們留戀的過往生活習慣和價值被摧毀。我們怎能只希望森林生活的人，凝固不動，不可能的。但森林生活確實是艱難的。所以幾千年來，一波一波的森林民族，冒着不可預知的風險，走進草原遊牧，走進農業耕作，再走進城市。二十年後，我再到鄂倫春族人生活的地方，明顯的起了變化。為了生計和生活的方便，滿歸鎮搬遷了。定居點成了旅遊點。在聊天中知道，年輕友善、常臉掛笑容的導遊金小姐，是鄂溫克族人，她的丈夫是滿族人。協助我們的海拉爾市旅遊局的路女士，已養有大孩子，自身是蒙族人，她丈夫是達斡爾族人。在根河附近的鄂倫春族的一家養馴鹿的男主人，是漢人，大概是入贅鄂倫春

導遊金小姐

顧德清先生作品

族的人家吧。顧德清先生，在一九八二年至八五年，用了三年時間隻身探訪了幾個大興安嶺的狩獵民族，寫成了《獵民生活日記》一書，份外有價值。內中說到過敖魯古雅鄂溫克民族鄉、阿龍山、北極村，阿里河等地，都是我們二十年前去過的地方。他是隨着獵民同行，艱苦多了，哪有我們去得輕鬆。他說到一九六五年敖鄉鄂溫克族人從奇乾遷到這裏，到他探訪時，只有一百六十四人而已。族民中也已有二代人與漢人結婚的了。顧先生一九八三年距我們一九九六年去的時候，不過十餘年，他書中描寫的森林風貌和族人生活，已有相當變化了。

建國以來，政府極力保存少數民族的血統和改善生活環境，大力扶持，用心良苦。然而，躐等而進，往往產生不少後遺症的。如族內人數太少，會形成近親繁殖，不利蕃衍。大興安嶺馴鹿退化，遠不如鄰國俄國境內馴鹿的高大精壯，也是這個問題。生活形式突然轉變，族人不適應，雖不愁衣食，不少人卻無所事事，日以飲酒為事，諸如此類。在顧先生書中記載中，說到獵民最多的生活情狀，就是好酒、酗酒的事。到我們去時，因酒亂性仍是獵民族人很突出的問題。新近這二十年，又過去近二代人，千百年的

冷極村飯館

相對封閉的環境和生活形式變得更大了，人的價值和觀念能不變嗎？時潮滾滾，現在交通、信息溝通，無所不至，成了推動了社會轉變的無形的動力。如何在此種大遷變中，適度而合理去保護有形和無形的「文化遺產」，才是正道。保護看似是維持一千幾百人一時的事，其實是一種歷史文明的保育。發展與保護，是一種弔詭的人類社會課題。這課題不僅是中國大興安嶺的最後狩獵民族鄂溫克族和鄂倫春族的遭遇，也是中國的雲貴等地區少數民族和臺灣的高山族，以至北美的印第安人、澳大利亞的毛利人及非洲大地上諸種原始部落的遭遇。這需要主政者有大文化智慧，有長遠的眼光。

仍扎根於幾千年的山林中的鄂克族人和鄂倫春族，是森林原鄉的最後守護者，唸文明史的我，竟能親身目睹，是時代的恩賜，慶幸何如！

二〇一五年七月來到大興安嶺，抵達了「冷極村」。冷極村距根河市僅五十五公里。說是村，在相當大面積的區域，大都是疏林、荒野地和種植場，只有幾戶人家。過的是農耕飼養與森林採摘簡樸的原生態生活。旅遊的開發，他們也經營點農舍飯館和賣點土產的小買賣。與他們交談後，又見證了一個時代歷史的終焉。原來他們是上世紀五十年代年青的時候，為支援森林資源的開發，從河北或山東離鄉別井，孑然一身、千里迢迢，為着國家的富強，遷來從事墾木的林工，幾十年在林場落戶。隨着近年日漸減少墾伐森林，火熱的林場變得冷冷清清了。但近六十年的落地生根，這裏成了他們新的家鄉。二〇一五年四月，政府宣佈全面禁伐大興安嶺林木的法令出台，要長期維護、保育大興安嶺大森林原生態。冷極村村民轉身於新的生計：有些由墾木戶轉變為護林戶，有些另以種植、採集和經營飯館為生。

千年之覆的嘎仙洞

對大眾來説，「考古」或許是一門很沉悶的學問。事實上，花點時間去認識，考古不僅不會沉悶，一個考古項目的發現，有如尋寶遊戲，引人入勝。不過從事考古工作，是很艱苦的。幸好考古的發現，時常揭開歷史的謎團，令人振奮。位於大興安嶺的「嘎仙洞」的發現，就是其中的一個例子。

離開了敖鄉，我們朝東南走，往阿里河鎮。阿里河鎮住着跟鄂溫克族有

嘎仙洞四周環境

親緣關係、同是現今大興安嶺森林狩獵民族的孑遺的鄂倫春族。我們到阿里河鎮的一個重要目的，要見識上世紀八十年代一個重大的考古發現——嘎仙洞。這個山洞的發現，像打開了中國歷史時光隧道的一扇大門。從那裏開始，揭開迷濛的歷史，再綜合了幾十年來的考古發現，草蛇灰線，讓我們隨着原來生活在大興安嶺森林的狩獵部落——大鮮卑族，如何走出了森林，進入蒙古高原，轉身成為了一個遊牧民族。再輾轉南下黃河流域的中原，在中原建立了北方民族第一個王朝——北魏。在中國歷史文化上，真是大放異彩的神奇歷史旅程。

我們從呼倫貝爾草原，經室韋鎮，再上大興安嶺，是為蒙古族人尋根。作為森林狩獵民族的蒙古人祖先，在大興安嶺森林的身影，早已化作落葉積泥，了無痕跡。現今仍存在的狩獵民族孑遺鄂溫克族和鄂倫春族，就是蒙古人祖先的影子。阿里河敖鄉有相當規模的民族博物館，文物陳列相當豐富，足夠我們認識森林民族的文化和生活的輪廓。他們之前的鮮卑、烏桓、契丹、金和女真等我們比較熟悉的中國北方民族，都是源起大興安嶺，都曾在森林中過過狩獵漁獲的森林生活。至今在中國大地上，仍處於較原始狀態的大興安嶺森林，其實洋溢着令人奪目的歷史神采。歷史上曾活躍一時，甚至建過赫赫功業的大多數北方民族，雁過留聲，在莽莽森林，於茫茫草原，瀟灑的走過，不大留下痕跡。只有拓跋鮮卑，經近幾十年的考古發現，卻脈絡分明，讓後人能追跡他們千年以上的神奇歷史旅程，屬歷史的異數。從世界歷史而言，能如此清晰的見到一個民族歷史演進過程，也是罕見的。這就是吸引了我們來到他們在森林的祖庭嘎仙洞的原因。

從鄂倫春族自治區首府阿里河鎮，乘車顛顛簸簸的，向西北約走了十公里，來到了一高達百米、巍然陡立的石岩峭壁下。沿峻峭的山路爬上二十米高，就抵達洞口呈正三角形的嘎仙洞。洞口真大。在外面朝內張望，也覺山洞不小。往裏走，很難預想洞內會如此開闊幽深。據測量，說洞內進深是九十二米長，橫闊是二十八米，洞頂最高處有二十米，面積達二千平方米，

嘎仙洞

洞口

內景

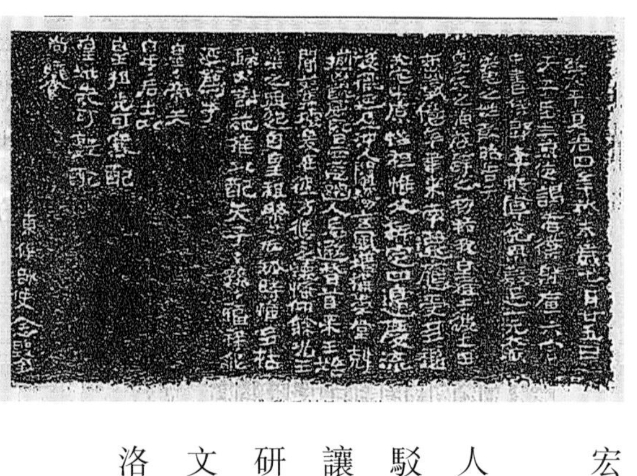
石刻祝文拓片

宏偉有如一大展覽館，擠滿可容近千人。

嘎仙洞在當地，不算偏僻。鄂倫春族人一直知道這個地方，並流傳着動人的傳說和神話。但是，直到一九八一年，在離洞口西側不遠、千年苔垢斑駁漫漶的石壁上，由考古學家米文平先生，發現了完整的「石刻祝文」，才讓不為外界所知的嘎仙洞，名聲遠播。嘎仙洞「石刻祝文」的發現，在歷史研究上，破千年之惑，揭開了一段重要歷史之謎。在嘎仙洞發現的「石刻祝文」，竟與《魏書》〈禮志〉所載，內容大抵相符，也完全證實了《魏書》〈烏洛侯傳〉的記載的真實。記載是這樣的：

> 烏洛侯國，在地豆於之北，去代都四千五百餘里……世祖真君四年來朝，稱其國西北有國先帝舊墟。石室南北九十步，東西四十步，高七十尺，室有神靈，民多祈請。世祖遣中侍郎李敞告祭焉，刊祝文於室之壁而還。

文中說到的世祖真君，是指北魏第三代君主拓跋燾，太平真君四年，即公元四四三年。拓跋氏北魏，是歷史上第一個入主中原，統一黃河以北，建立了王朝的少數民族。長久以來，因為《魏書》有這段記載，中外學者殫精

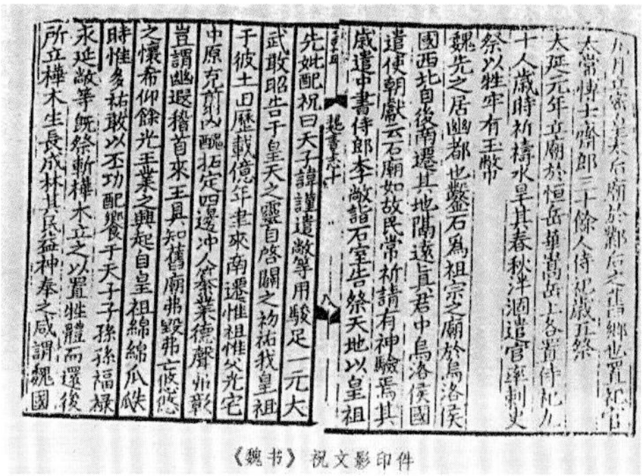

魏書原文

《魏书》祝文影印件

竭慮，欲破解關乎該族的發源地。卻一直眾說紛紜，莫衷一是。直到發現嘎仙洞〈石刻祝文〉，才一錘定音，揭千年之覆。大興安嶺北部的大鮮山就是拓跋鮮卑的原鄉，而原封不動的嘎仙洞，就是其祖庭。

《魏書》〈序記〉對拓跋鮮卑的祖源，是這樣記載的，說在大興安嶺：

> 國有大鮮卑人，因以為號。世為君長，統幽都之北，廣漠之野，畜牧遷徙，射獵為業。……傳六十七世，成皇帝諱毛立。聰明武略，遠近所推，統國三十六，大姓九十九，威振北方，莫不率服。

北魏創建者道武帝拓跋珪遷都平城，詔定國號，也說：「昔朕遠祖，總御幽都」，「逮於朕躬，處百代之季」。如此看來，鮮卑之族興，遠祧百代，可追溯到夏、商之世。到了東漢年間公元初遷出，他們在森林的狩獵生活，長達一千七百年。在中國大地上，是一個很古老的民族。

繼〈石刻祝文〉的面世，在嘎仙洞內外，陸續出土了不少石、牙、骨、陶和青銅的器物，也有不少野生動物骨胳化石。《魏書》上的百世之說，不完全是誇飾。最少，由洞內外發現的文物，說明鮮卑族人在森林，確過着原始而漫長的狩獵生活。在歷史被稱為「第一推寅」、酋長毛的帶領下，

嘎仙洞外的清溪

遷出森林之前，已是一個擁有三十六個山頭，統率大小近百血緣氏族的原始部落了。

嘎仙洞雖然是個自然洞穴，只要細心觀察，不少地方都有人工修整過的痕跡。洞堂結構，隱然可分前、中和後廳的幾個部分。中部大廳上堆放的巨石塊，雖見散落，但依然平整有序，很適合圍坐聚議。洞壁也斧鑿削理過，甚至留下薰煙的痕跡。走出洞口，位於洞口，站在左邊一塊巨大的臨崖石塊，可俯瞰幾十米下的開闊的空地。幻想一下，顧盼自豪的陪着薩滿主持祭祀，下面篝火熊熊，眾信歌舞鼎沸，敬禮神靈。又可以幻想到，伴隨着族長，誓師出戰，武士志氣高昂，攜弓佩箭，呼嘯聲喧。嘎仙洞地處大興安嶺北段的峰巔，錯落羣山圍繞，森林密佈，在洞外外望，一覽無遺。正對百米之遙，有一條小河流過。雖稱為河，流經洞口對面的不如說一條淺溪。走近看，溪水湍急，

北魏祭祖意想圖

清澈到底，確是一處古人類天然生息的絕佳地方。新近再重臨阿里河鎮與嘎仙洞，已整治成為一個熱門的旅遊點。設施、交通都完備了。當然，已不像二十年前的荒蕪。嘎仙洞下面原來荒野空地，已鋪上水泥地，圈上石雕圍欄，地方整潔了，遊客方便得多了。原荒地外疏林間的清澈可鏡的水溪不見了。既然開發成旅遊點，整治是免不了的，總覺失去原始的味道。幸好，洞的周圍和遠觀，仍能保持着原生態的景象。

北魏太武帝派大臣李敞一行，從中原的平城，跋山涉水，千里迢迢，來到大興安嶺鮮卑族人先祖舊墟石室，拜天地祭祖先，上距鮮卑族之離開大興安嶺，已三四百年了，經歷了約三十三代人。這時期的鮮卑族，已華麗轉身，生活模式、血緣與文化，已一再蛻變，並建立了中原式的王朝，進入了中國文明的核心。鮮卑族幾千年的演進過程，是神奇的，其歷史發展的軌跡，在中國歷史上，在組構中華民族上，不乏其例。只是鮮卑族的歷史更悠久，演進過程更神奇，演變的形式更典型而已。

鮮卑族的遷徙意想圖

拓跋鮮卑神奇的歷史旅程：百年的草原闖蕩

八十年代初，「絲綢之路」的幾回旅行，九十年代中期蒙古草原的多次考察，踏進了廣闊卻陌生的中國西部和北部土地，開闊了我對中國歷史和地理的新認識，逐漸跳出了「中原中心」的狹隘。因追蹤拓跋鮮卑的歷史旅程，更令我對中國歷史文化和民族發展的內在特質，有了全新的認識。

拓跋鮮卑人一經走出大興安嶺森林，抵達了蒙古草原，歷史命運從此改變了。他們捨離了一千七百多年相對寧靜的狩獵生活，此後約六百年的時間，生活在腥風血雨中，最終為中國歷史和中華民族鑄造了一頁耀目的歷史。

拓跋鮮卑走出森林，沿着根河順流向西，再經額爾古納河向南，來到呼倫湖和呼倫貝爾草原的腹地。其後的契丹族、蒙古族，接踵其後，大致相仿。著名史學家翦伯贊先生六十年代初，在其〈蒙古訪古〉一文中，即指出「假如呼倫貝爾草原在中國歷史上是一個鬧市，那麼大興安嶺則是中國歷史上的一個幽靜的後院。」這篇紀遊是很有史識、可讀性又強的大手筆。文中幾個論斷，三言兩語，道破了蒙古草原在中國歷史甚至世界歷史發展上的秘密，令人佩服。呼倫湖和呼倫貝爾草原，至今不但是世界有數的優美大草原，幾千年來，它總成為從大興安嶺森林走出來的民族，在此適應新生活、轉型和壯大的地方。是中國幾千年重要歷史的舞台。

我們一眾，曾乘飛機，掠過了大興安嶺上空；又坐車，穿越大興安嶺山林。初時心中頗為疑惑，甚至有些失望。我們心目中，在中國地理上赫赫有名的大小興安嶺山脈，必定雄偉壯麗無比。空中俯瞰，地上眺望，全不見崇山峻嶺的氣勢。眼底下卻是平緩的河流，起伏有致的山林而已。跟我們在中國西南雲貴高原所見的山脈，大不相同。直到中途，才恍然有悟。正因為大興安嶺寬廣平緩的山勢，西面緊靠着落差不大的蒙古高原，山脈貼着高原，森林偎着草原，似相隔，實相連。這樣的地貌結構，才讓一代又一代的森林民族，呼嘯而出，闖進呼倫貝爾大草原。大興安嶺結合了呼倫貝爾草原，就成了中國歷史上另一個帝王州。從歷史結合地理，我們就會明白中國歷史上一個秘密：幾千年來，進逼中原而能建立王朝的，總是北方的遊牧民族，而非西南眾多少數民族。雲貴高原的崇山峻嶺，深谷鴻溝，咫尺天涯，只能各

【大興安嶺地形圖】

自劃地為牢了。

虧得幾十年的考古發現，再結合歷史文獻，拓跋鮮卑之由森林到草原，再進入中原的神奇歷史歷程，得以展示於世人。考古內容顯然太詳細和太專門，只能附以圖表，簡單描述一下。走出大興安嶺的拓跋鮮卑族人，輾轉在呼倫貝爾草原約略生活了一百年。在陸續出土的墓葬羣，可以證明。按我們行程去比劃一下，走出森林的鮮卑人，百年來的活動範圍，乘車，只一二日的路程。以古時的條件，原始環境惡劣，路途固然艱辛萬狀的。更艱難的是沿途，會遭遇到各方面的挑戰，又要適應新的生活環境。那時鄂溫克族博物館館長顧德清先生，跟我們說，狩獵民族在森林的遷徙，總是順着河流，一個山頭一個山頭地行進的。新近的一次旅行，向博物館年青一輩的館員打聽，可惜顧館長已辭世。他是達斡爾族人，溫文爾雅。與我有過幾回通訊。訪問時，他不厭其煩地向我們解說，至今印象仍深刻。翦伯贊先生說得對：「從狩獵轉向畜牧的生活並不是一種輕而易舉的事。」生產和生活形態的轉變，從來就是艱難的。只要想一下十九、二十世紀的中國走向現代化的命運。百多年，付出多少犧牲，才能保住不亡國滅種阨運。至於要成為真正現代化、富足而文明的國家，至今仍在掙扎、摸索中、奮發中，中國歷史也會記住這艱辛但偉大的一頁。但是，歷史又告訴我們，上進的民族總希望向前走的。一代鮮卑族的雄主推寅，帶領着族人，離開了疊障密林，走進茫茫草原，或許是一個民族命運的賭注，也是民族新發展的雄圖寄望。

在現今呼倫湖周遭的克爾倫河、伊敏河、海拉爾河、根河和額爾古納河等地，都發現了鮮卑人的古墓羣。我們專程趕赴札來諾爾和拉布達林等鮮卑人不同時期的墓葬遺址，我們不懂考古，經考古專家朋友的解說，最少多了一份感性的認識，走近了一段陌生的歷史。一路沿着鮮卑人從森林到草原的遷徙路線的自然環境走着，結合遺址和出土文物，讓我們一時沉醉於鮮卑入時光隧道歷程中。

拓跋鮮卑神奇的歷史旅程：再闖農業文明新天地

西遷到草原百年，經一番起伏，拓跋鮮卑人成功地轉型成較先進的騎射

盛樂城遺址（孔羣攝）

遊牧民族，而且在殘酷的生存搏鬥中日益壯大。公元前後，稱霸蒙古高原好幾百年的匈奴族，經中原王朝西漢和東漢的打擊而衰落，拓跋鮮卑遂取而代之，並融合了匈奴血液與文化，稱霸蒙古高原。不久他們發現比草原另有更廣大的天地——農業與都市文明的世界。到被稱為「第二推寅」第八代首領、及其兒子詰汾，以「此地荒遐，未足以建都邑，宜復徙居」，再次率族南遷。居住在呼倫湖草原時期的鮮卑人，相信已知道遙遠的南方，有着更富足更先進的農業都邑生活。在他們的墓葬中，出現不少屬中原東漢時期的矩型銅鏡、龍鳳紋如意織物、銅鐵用具、錢幣等文物。這些物品，即使是間接得來，也無礙鮮卑族人，通過物品，打開他們對中原農業文明的一種憧憬。

由詰汾率領鮮卑人另一程的「南遷」，行程更為艱苦。《魏書》是這樣描寫的，沿途「山谷高深，九難八阻，於是欲止……歷年乃出，始居匈奴故地」。按墓葬遺址作為線索，這回他們是沿着伊敏河向南，穿越大興安嶺，經過高山密林和河谷沼澤行進的。走出了大興安嶺森林南端，他們在烏爾吉木倫河附近，停留了一段日子。

不知何故，他們竟然橫貫蒙古高原，萬里長征，直撲草原西部，這時是東漢後期，朝政正趨糜爛的桓、靈年間，正是我們熟悉的「三國時代」的前期。他們加入了檀石槐的鮮卑大部落聯盟，第二推寅被封為「西部大人」。可見其時大鮮卑已具備相當勢力，他們沿途綰合了匈奴、丁零、柔然、東鮮卑以及西邊各種遊牧民族，形成了以大鮮卑為核心的複雜的軍事部落大聯盟。由一個強大的部落為核心，綰合不同部落，組成了部落同盟，甚至融鑄成一個新的大民族，是北方草原民族壯大發展的模式。之前的匈奴、東胡，後之繼起者突厥、契丹和蒙古族，莫不如此。這是中國大地上，幾千年歷史的一個發展形態。中原先是經黃帝族和炎帝族，混融成「黃炎族」，再是經衝突而融合了東夷和南蠻，成「華夏族」，到了秦漢時期，形成「漢族」。自此以中原大地為核心，建立了以漢族和華夏文化為主體的統一帝國。同時期的北方地區的遊牧民族，也有類似的發展。是以一強盛的部落，綰合了其他遊牧民族，組成大民族或部落軍事同盟。雙方隔着長城為象徵的分界線，南北對峙，形成了長期南北抗爭的歷史。這種狀況，似印證了二十世紀英國著名的大歷史哲學家湯恩比所說的 Balance of Power 的互動的歷史發展規律吧。只是北部中國，長期處於部落聯盟性質，不像南部中國本部，能以漢族

盛樂城殘垣

盛樂城遺留下來的磚瓦殘片

為主體、漢文化為核心，農業和都市文明為主導，建立起有健全的政治社會制度的帝國體制。這是中華民族形成前，中國大歷史的總趨勢。

不久，首先統一了北邊的另一支鮮卑族檀石槐軍事聯盟崩潰，拓跋鮮卑便在詰汾的兒子拓跋微的統率下，長途跋涉，來到漠南陰山一帶。從此他們踏進了遊牧和農業兩種文明傳統的前沿地帶，亦即史書說的「匈奴故地」。公元二五八年，即三國時代的末期，在原漢代的定襄郡，建立了第一座都城——盛樂城。城址在今呼和浩特南面的和林格爾地區。我們也曾專程去到盛樂舊址，原城規模範圍，依稀可見。早成為農田的舊城址上，磚瓦陶器的殘片，俯首可拾。那次陪我去的是時為文物處副處長、今乃局長的王大方先生。尚是冬天，殘雪片片，草木枯萎，大地蒼茫中帶有幾分蒼涼。向南望就是山西境的右玉縣，只隔着黃河河曲。

以盛樂城為中心，是拓跋鮮卑歷史的「代國」時期，歷時一百五六十年。代國時期的鮮卑人，不僅成了混融北方多種民族的部落聯盟，且與中原漢王朝的晉朝，有屬國的關係，並逐漸漢化。建起都城的鮮卑，已然突破了以往草原遊牧軍事聯盟的格局，具備了半農半牧的初期王國形態，在中國歷史上，

平城遺跡

為遊牧民族，開出了新局。

代國在公元三七六年亡於五胡十六國的前秦，十年後，前秦苻堅在著名的「淝水之戰」敗亡，拓跋珪在盛樂城復國，再南過河南，遷都到山西的平城，即現今的大同，國號為北魏。北魏是中國歷史上由遊牧民族在中原地方，建立統一王朝之始。魏晉史學家逯耀東說遷都平城，是「拓跋氏部落從草原文化過渡到農業文化的象徵」。北魏建國約一個世紀，六傳到了孝文帝。孝文帝遷到洛陽，推行「華化政策」，成為中國中古最為人津津樂道的一段歷史。由盛樂，到平城，再到洛陽，標誌着拓跋鮮卑這個民族，從生活形態，到文化，到血統的階段性的蛻變，最後徹底融入中國文明和中華民族的大流中。這種蛻變是在一種刀光血影、驚心動魄的各種抗爭中兼文化互融中形成的。

北魏疆域雖然只及中土北部，但是開啟了中國歷史上南北朝時期的北朝的其中一個王朝，它在塑造中國日後的歷史和文化，起過重要的作用。在中國制度創造和文化創新上，深深地影響了日後中國的發展。唐初備為人稱讚的「府兵制」等制度，就是承襲和發展了原北魏的制度而成的。這種歷史事實和貢獻，我們不必訴之於抽象的論說，或鋪陳大量史實。我們舉一些文物實例和可遊可賞的歷史名勝，就足以說明。

世界聞名的敦煌石窟，是從北魏開始的，粗獷而自然的線條和顏色的壁畫藝術，看過後都不會忘記。到山西大同的雲崗和洛陽石窟，每站立在大佛面前，那種奪人心魄的造形和氣度，來過、看過多少次，內心都會震

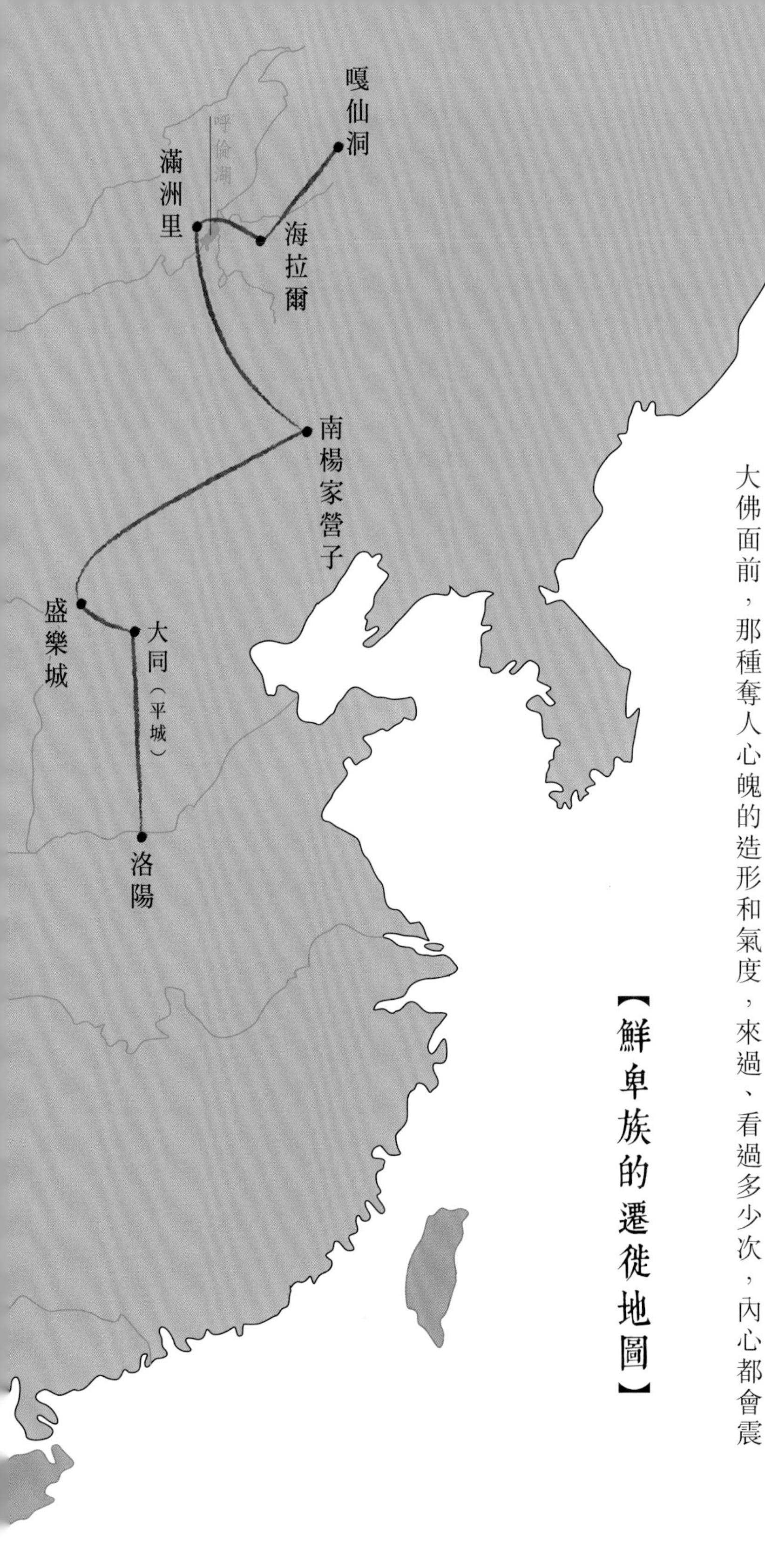

【鮮卑族的遷徙地圖】

大同雲崗石窟

敦煌北魏窟

洛陽石窟留影

魏碑拓片

撼的。佛教雖始起於東漢，但在中國之大張其鼓、深入人心卻在北魏時期。魏碑法書，是日後歷代書法家功力所依托。北朝經術與南方經學，並駕齊驅，都承傳漢代經學而各自發展起來的。凡此種種，都是北魏時期所創造永垂不朽的中國文化遺產。二十世紀二三十年代開始，以陳寅恪為先導的魏晉南北朝史研究的勃興，鮮卑北魏史成一時顯學。漢、胡間民族和文化的衝突與交融，是研究的焦點所在。因這個時期，正處於中國歷史上，夏商以來的幾千年未有之巨變。情況一如晚清大臣李鴻章深深感受到的，近代中國面臨的是「三千年未有的巨變」。二十世紀中國在西方民族和文化的壓迫下，關乎民族和文化存亡的時代背景下的一種現實歷史研究的折射。

進入了黃河河套及長城內外的拓跋鮮卑，主導了幾百年的中國歷史，為北方民族和文化終匯入以漢民族和漢文化為主體的大流中，作了先導，奠下基礎，為日後隋、唐開出更大的一統的歷史新局。上溯從大興安嶺森林出走起，貫穿拓跋鮮卑這個民族的歷史特性，是氣魄宏大的自我蛻變的能力。

拓跋鮮卑六百多年的歷史旅程，最後開創了中國歷史南北民族和文化匯流的格局。此後的契丹、金、蒙古和滿清，接其踵，一脈相傳，莫不如此。再遠祧上古茫茫，炎黃東夷部落之融鑄成華夏，吳楚的歸融入秦漢，隱約間，如出一轍。拓跋鮮卑的神奇的歷史旅程，為我們昭示了中國歷史發展的一個大秘密。在中國大地上，自新石器時代開始，以黃河和長城，因氣候和地理，界分南北兩部：南面是農業文明；北面是遊牧文明。幾千年間的歷史發展，在現今九百六十萬平方公里的大地上，是南北不同民族、不同的生活形態之間，持續衝突，也持續的相互影響和交融，匯流而成的歷史。換一種說法，幾千年中國歷史，可以簡約成為中國大地上南北內部民族和文化的雙軌互動凝聚而成的歷史。滿清的統一，南北分界漸次泯滅。辛亥革命後，在強大的外國進逼抗爭中，尤其經抗日戰爭的血肉洗禮，中華民族自然抵成，終順着歷史潮流，自然而然轉化成近代形態的民族國家。

室韋鎮路標

歷史的交匯點：室韋鎮

有些地名，份量特別重，因為它承載了歷史。「室韋鎮」這地方，在內蒙地區並不顯赫，甚至少為人知。只有去過了，了解了，才曉得它的份量。

拍攝組為了要不要去室韋鎮，曾有過認真的商議。拍攝日程既趕，又不順路，專程到室韋鎮，往來要多三天，又不知道有甚麼可以拍攝的。只知道，蒙古族人由大興安嶺走下來，第一站就屯駐在這裏。蒙古族人的歷史，史著記載最早的，可推溯到唐代稱為「蒙兀室韋」這個地方的部落。純然衝着這種歷史記載，走一趟相信是值得的。抵達後，才發覺，幸好沒錯過。室韋這地方太值得來了。它的歷史內涵，比我們了解的豐富得多。

從拉布達林這個地方起程，朝北走。最初的三個小時，一直走的是無遮無擋、一望無際的草原公路。後段的路程，是在山坡和森林邊緣交接地帶中穿行。愈往後，我們愈覺車子在爬着坡路。遠望山巒滿披着翠綠，近看卻是密林。前後走了約五六個小時，終於看見土馬路旁樹立的「室韋鎮」的一路牌。天雨霏霏，周圍濕漉漉，不像我走過內蒙古的其他地方，乾燥清爽。倒

額爾古納河畔遠眺的室韋鎮

像江南梅雨季節，有些奇怪。後來聽年青文雅的鎮長解釋說，室韋位於大興安嶺的西坡，挨近森林山區，仍然受到海洋性氣候的影響。每到秋季午後，總是下雨。這裏雨水過多，不宜農業；草含水份過多，也不適合牧業。怪不得大片的平原上，不大見大面積的農田，也少見漫地成羣的牛羊。農與牧靠的是水，雨水太多，卻不適宜農牧，有點出乎我們長大於南方的常識之外。蒙古族人祖先，走出熟悉的森林，來到新天地，農牧都是他們不熟悉的生活形態，再加上此地不太宜牧宜農，其生存之艱難可想。

鎮上都是木結構平房，排成街道。剛抵達招待所，臨院子的小廳內，滿站着人，亂哄哄的，很多人在看熱鬧。其中幾位年青的姑娘，結着長垂及腰的辮子，身材高挑，鵝蛋形的面龐，皮膚白裏透紅的，一雙雙藍眼睛，圍着好奇的瞧着我們。這種情景，一時腦筋

室韋鎮上的俄羅斯裔小女孩

室韋鎮上的俄羅斯裔小男孩

轉不過來，有點困惑不解？為甚麼這裏會出現這麼多「洋姑娘」？還來不及打聽，又看見廳的左牆壁上，掛着兩個時鐘，一個標示的是北京時間，另一個標示的卻是莫斯科時間。跑遍大陸，這是我從未見過的景象。卸下行李，與時任香港文化館館長的嚴瑞源兄，忙不迭的往外蹓躂。

路上，見到不少是西洋人長相的居民，說的是我們聽得懂的普通話。一位十一二歲的小姑娘，長得高挑而純樸秀麗，踏着一輛自行車，若即若離，一條街道一條街道的尾隨着我們倆人。街上雖寬闊，卻少行人。每當與女童四目交投，互相間都帶着疑惑。

到室韋鎮後，一連串的疑惑，給我們解開疑團的是年青的鎮長。他向我們介紹這個小鎮，居民約二千多人，七成卻是俄羅斯裔。他們也有與漢族、蒙古族和滿族人通婚的。他們地地道道的都是中國籍，平日

並列中俄兩地時間

講的亦是普通話，過的又是中國人的日子，但是，仍然保留不少俄羅斯民族的生活習慣。喜歡吃烤麵包，喝酒，啃整條的酸青瓜。

巡繞了鎮上一圈，俄羅斯裔人給我較深印象的，首先是愛清潔。初抵鎮上，每見房屋前後清潔整齊的，準是俄羅斯人的家庭。他們保持着俄羅斯族能歌善舞的性格。那個時期，原來該鎮因近中俄邊界，屬禁區，外來人不多，境外客更稀有，怪不得當地人這樣好奇地瞧着我們。當晚，吃過飯，鎮上為我們舉行晚會，男女老少的擠滿大廳。載歌載舞，載言載笑。拉的是俄式手風琴，跳着踢腳舞。一邊還傳遞着小食和白酒，一直都午夜。這是我頭一回體驗了俄羅斯的風情，也認識了俄羅斯裔人的直率好客的性格，尤其是飲酒的時候。在室韋鎮飲酒的一役，在俄裔婦女面前的窩囊相，也是記憶難忘的。每提到當年舊事，口中笑謔的「俄羅斯大嫂」，是我在室韋鎮上，高大、壯健、爽朗、能飲、辯言無礙、喜歌樂舞的俄裔年青婦女留下的印象。

或許與香港出生長大的同齡人不同，我個人最早接觸的異民族和外國文化，不是英國與英國文化，而是俄羅斯。五十年代在中國內地生活過的人，從小就透過電影、小說、歌曲以至時聞，認識了俄羅斯。能與童年時代俄羅斯印象邂逅，竟然是四十年後在中國疆土東北偏遠的室韋鎮這個地方，那時還未到過俄羅斯。初次邂逅，有點陌生，亦似曾相識。晚會上的手風琴，《莫斯科之夜》等歌曲，彈腿上下躍動的舞蹈，都拉我回到兒童時代《卓婭和舒拉》、《鋼鐵是怎樣鍊成的》等俄國小說和電影的世界中。

「室韋」，蒙古語是茂盛的森林的意思。在鎮上走一遭，不難看出這是一個靠森林生活的地方。難怪歷史記載，走下大興安嶺森林的蒙古人祖先，在這裏過的主要仍是狩獵和捕魚的生活。十世紀西遷到現在蒙古國的斡難河的初期，蒙古人過的主要仍是狩獵和捕魚的生活。羊馬並不多。蒙古人完全成為真正的遊牧民族，竟足足經過兩個世紀的歲月。歷史是瞬間的，也是悠長的！瞬間與悠長，是完整認識歷史的兩面。

室韋鎮上泥地街道兩邊的房屋，全是木造的，包括屋頂。房子四周闢有花園和菜圃，外邊圍上木籬笆。籬笆外堆滿用來做飯和取暖的木段，疊堆得整齊有致，恍如造型藝術。沿途經過一些地方，喜歡用石塊壘疊而成的房屋和圍牆，用不着水泥，穩固而富造型美。石塊和木頭，材料雖然不同，都是千萬年來，人類生活的最普遍的用材。經長久的技術經驗積累，出於本有的

室韋鎮上的街道與房屋

室韋鎮的木製房屋

藝術心靈，打造出來一種樸素的生活藝術。遊走各地，不管國內國外，這樣實用的生活藝術最能吸引我，也最讓我歡悅感動。因為這些美，充滿生活氣息。一些房子的屋頂或四圍的籬笆上，串矖着魚乾。因為鎮是座落在額爾古納河的東南岸，也是靠河吃魚的地方。

考古學家魏堅教授說：「室韋作為中國歷史上一個古老民族，人種、語言和文化屬東胡系統，與鮮卑、契丹相近。」（〈室韋：蒙古早期遺存的考古學觀察〉）他的結論是基於幾十年來，在這一帶的考古發現和研究的成果。室韋生活在額爾古納河下游以東的大興安嶺北端，處於半狩獵半遊牧的氏族社會的墓葷和遺址陸續發現，同時在東蒙古草原的克魯倫河北岸，也發現了蒙古汗國早期的遺存。成吉思汗與蒙古族的歷史，在歐美的出版上，是一熱門的題材，他們關注遠過於中國歷史上的任何題材。八九十年代，每年去德國法蘭克福參加國際書展，總發現有關於成吉思汗和蒙古歷史的新書的出版。蒙古人西征的歷史，改變了歐洲，也改變了世界，歐洲人是很難忘懷的，所以興趣不減。可惜，限於史料和關注的不足，對於蒙古族發源地和早期蒙古人崛起的撰述，多所缺漏。近二十年中國考古歷史界，濃墨重彩，大大補足了這種遺闕，勾勒出蒙古人早期發展的原貌。我們之策劃《成吉思汗的崛起》的出版，不無要將中國考古學術成果，向社會普及、向世界推廣的想法。將學術成果，適時的推廣到社會大眾，這本就是出版人的一份責任。

「室韋」之名，始見於北魏，是一個部落的名稱。其先人原居於嫩江和黑龍江兩岸與大興安嶺東西兩側一帶。屬東胡族系統，都是以狩獵和漁捕為生的森林部落。從漢、魏，經幾百年，逐漸西進南下，來到了額爾古納河和呼倫貝爾湖鄰近森林的地方。到隋唐時期，「室韋」成為組合了語言習俗相近、地域相連，大約有二十餘部落的部落聯盟的總稱。內再分某某室韋的。室韋自唐代貞觀三年，開始向大唐王朝入貢。唐朝於室韋的居地設立室韋都督府管轄。「貞觀」，就是大唐周圍遊牧民族尊為「天可汗」的唐太宗的年號。關於「室韋」的記載，最早見於《舊唐書》和《新唐書》。眾室韋部落中，居於額爾古納河畔的「蒙兀室韋」，就是日後蒙古族的祖族，在部落聯盟中，是一個比較弱小的小部落。「蒙兀室韋」的先祖走出了森林，在額爾古納河流域生息至少有一個世紀。大抵是，自從原來稱霸蒙古高原的突厥和回鶻人先後衰落，契丹人崛起的時候。到了成吉思汗十世祖孛端察兒在十世紀末，

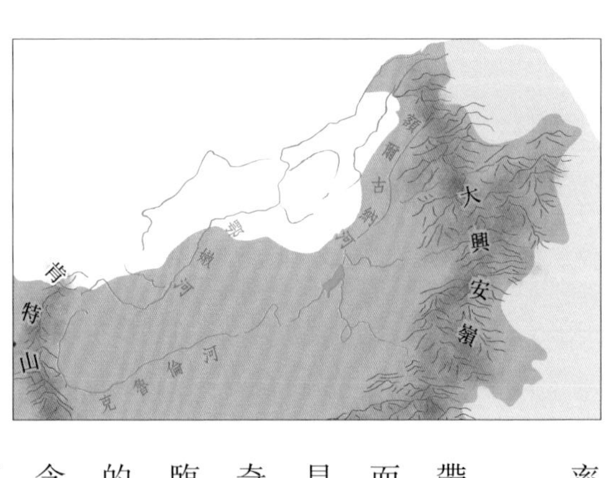

蒙古族西遷後的駐牧地

率族人西遷，走到蒙古高原的斡難河（在今的俄羅斯境的鄂嫩河）、怯綠河（克魯倫河）和土兀剌河（土拉河）三河的發源地不兒罕山（大肯特山）一帶駐牧。大興安嶺和額爾古納河草原，是十三世紀初，因一代天驕成吉思汗而崛起的蒙古族的原鄉。飄泊不定，來去無跡，興滅無常的草原部落，其始見於史冊的名字和原居地，經過千年的歲月，竟然得以保留，也算是歷史的奇跡。我們竟又可親臨其地，歷史變得很近。去年到呼倫貝爾，極渴望能重臨室韋鎮，可惜因路程不順而錯過了。據説，現在的室韋鎮，不僅不是邊界的禁區，而且成為重點開發的旅遊區，甚至有五星酒店。當然從心裏，我懷念更接近歷史原始的室韋。寄望的是，在開發中，不要忘記了歷史，不要破壞了原有大環境，不要捨棄了原來的生活風俗，更不要丟棄了純樸的人情。這才是長遠的旅遊樂土。

相傳蒙古族人的祖先與別的部落戰鬥，被打敗了，只剩下一男一女，逃入「額爾古涅・昆」的地方。「額爾古涅」是峻險的意思，「昆」是山坡。學者研究指這地方，就是額爾古納河以南的山林地帶。這裏羣山環抱，中間草場豐盛，這對男女及其後代長期在此繁衍生息。終以人口愈來愈多，難以

蒙古武士墓葬復原圖
（孔羣攝）

長久維持，遂焚燒森林，熔鐵出山，走到廣闊的草原上。蒙古族這個古老傳説，正反映了蒙古族先人，由森林狩獵生活，走向草原生活的一段歷史，情況一如先他們走過這樣歷史旅程的拓跋鮮卑族人的先祖。室韋鎮這個地方，都曾是他們新舊時代的歷史的交匯點。

如今的室韋鎮，仍然是山林環抱。地勢明顯從東北向西傾斜。憑肉眼也可以判斷，室韋鎮地處大興安嶺和蒙古高原接壤的地方，正是森林和草原的過渡地帶。蒙古族先祖在這裏，住了好幾代人。由森林生活過渡到草原生活，既維持傳統的狩獵和捕魚生活，也學習適應畜牧的生活。一經積畜了經驗，熟習了草原生活，然後邁進更廣寬、真正的草原生活。如今這裏再見不着蒙古先祖的生活痕跡，但是，這裏附近，經考古發現的一個蒙古武士的墓葬，加上鎮周圍的環境和人們的生活，讓我們感覺到歷史的依稀。

一個時代的轉換，一個民族文化的轉型，最是驚心動魄的，最是艱難的，也是最讓後人入勝的。到了室韋鎮，更增加了我們追尋人類歷史，比草原遊牧文化，比農業文化，發展更早的森林狩獵文化的渴望。何況不僅在中國，甚至是世界，大興安嶺仍舊存在的原始狩獵文化，幾乎是絕無僅有的了。

在額爾古納河岸上眺望

室韋這地方，不僅是幾千年不同部落民族和文化的交匯點，晚至近代，我們仍目睹了俄羅斯人的東進的影響，甚至大興安嶺森林深處的狩獵民族的生活文化，都成為東西方民族和文化的交匯點延續的歷史。

蒙古民族的母親河：額爾古納河

室韋鎮位於大興安嶺的西坡。在室韋鎮，我們走上西坡，登高眺望，整個村鎮半隱沒在寬闊的草場中，三面卻是鬱鬱蒼蒼，山林環抱。朝西望，盡是遼寬的草原。視野所及，額爾古納河從南向北，平緩的流過。河的對岸就是俄羅斯。

為了額爾古納河，我們專程去到中俄界河通關這一段從事拍攝。從額爾古納市西去額爾古納河，在沒有高速公路時，約是三小時的路程。當時，所經過的都是河灘草原與丘陵草原。已是八月下旬，薄霜侵晨，草泛微黃。去年再到額爾古納河的中俄界河通關口與方向稍偏南的河段，到底過了二十年了，都起變化。沿途走的是高速公路，其他分支公路也多了。由於交通的發展，草原上各種設施多了，人車也眾了，不像過去的荒野原始。但眼前風景，一晃而過。交通是方便了，卻有如看風光片，對不同草原風貌，無法細賞酣味。園林大家陳從周先生，在我面前常笑謔浮光掠影的「到此一遊」。電光火石、貪多務得。陶淵明「悠然見南山」的靜觀遐想，成了奢侈。

我們站在河岸，對岸俄羅斯境的遠處山坡上，散落的小村莊，隱約間可以看到人在走動。我們一行坐上汽船，在額爾古納河上下來回的游弋了一回。

額爾古納河據説是蒙古草原上最大的河流。眼見的河寬，大抵有二三百米，河水渾黑，這是草原河水多腐殖質的結果。兩岸長滿水草與叢生的矮柳樹，河面平緩開闊，流經草原如同繫在闊大的蒙古袍上棕藍色的腰帶。成吉思汗在八九歲之間，曾跟隨父親來到額爾古納河探親時所見，河就是這個樣子吧！走近了額爾古納河，幾百年的歲月，一下子就拉近了。河上滿長着密密的柳叢，讓我想起成吉思汗在少年時代，被近親泰亦赤兀惕族人追捕，晚上逃命，躲在斡難河中柳叢中的景象。坐在遊船上眺望西岸，沒有邊界的緊張，滿溢牧歌的平和。俄人自十七世紀與當時的清朝廷簽了《尼布楚條約》，額爾古納河河面平緩開闊，水面長着柳叢。水柳是搭建蒙古包的材料。

額爾古納河對岸是俄羅斯

中俄界河留影

就在額爾古納河西岸不斷開拓聚落。沿途所見的村落，有些或許可追溯到這些年代。可惜，限於國界，無法過對岸一看究竟。船駛在界河的中間，對岸俄境農村的情況看得更清楚了。河中間架上網，以示分界，中俄船隻各自靠左右岸行駛。對岸一羣正在游泳的青少年向我大聲呼叫，打招呼，容貌依稀可見。我們也遙向他們揮手致意。

想不到，自初中歷史課中已接觸到，為了考試，死命記住，額爾古納河這個遙遠地方，一下子歷史意義變得實在而豐富了。

額爾古納河兩岸在地理上原屬一體的，千年以上的牧民和狩獵者亦跨河活動。直到十七世紀清俄簽訂了《尼布楚條約》後，自此成為了界河。室韋鎮附近地區又成為了「歷史的交匯點」。俄人來到了亞洲東北部，中俄族人也通婚了，原本封閉的大興安嶺狩獵

俄羅斯境內的村莊

民族，也走出森林，到河的右岸烏啟羅夫村與甫克洛夫村與一些俄國農民，以獸肉獸皮、自製樺樹皮桶子去換取黑白麵包、鹽、茶、酒、香煙和火柴等。幾年前鄂倫春族女作家遲子建寫的《額爾古納河右岸》，就是以百年鄂倫春族歷史變化為背景的歷史文學創作。故事中不少情節涉及到額爾古納河左右岸兩地人民交往的歷史情況。在室韋鎮上，在黑山頭，我們跟俄羅斯血統的居民聊天，他們跟我們說，他們不時還到對岸探親的。當時內地尚未完全開放，中俄關係亦不像現在的友好，河兩岸走親戚，是一種長久的歷史。

自古以來，從黑龍江以西到貝加爾湖，遼闊的草原和莽莽的大森林，都是亞洲遊牧民族和狩獵民族的活動生息的地帶。十六世紀俄人開始向東方殖民。一六五五年抵達了額爾古納河。俄人的東進終與清朝釀成軍事衝突。清朝雖然戰勝了，不願為茫茫的荒原野林「無用之地」，添煩添亂，卻於康熙二十八年（一八九八年）簽訂了《尼布楚條約》。條約就是以額爾古納河為兩國東段國界。這是清朝與俄國第一次簽約劃界，也可以說是近代中國與外國第一次劃界。從此清朝讓出貝加爾湖至額爾古納河以西的廣大的土地，改變了千百年來該些地區的歸屬。俄國亦因《尼布楚條約》，自此成為一個國土遼闊、橫跨歐亞的國家，與遠在亞洲東部的中國接壤。額爾古納河兩岸、蒙古族龍興之地，自此劃分成兩半。

十二世紀，成吉思汗及其騎兵，統一了蒙古高原後，從這裏西征，所向披靡。十三世紀，統合了俄羅斯各邦，成立了金帳汗國。曾被統治的俄羅斯人，幾個世紀以後，反直搗黃龍，佔領了原蒙古族龍興之地。歷史的興替無常，要由歷史家細說其中因由。

呼倫貝爾草原

民族的搖籃：呼倫貝爾草原

幾十年來，走過世界上的地方不算少，心中存着一個問號。中國幅員廣闊，經緯跨度大，各種地貌風光，幾乎應有盡有。何獨欠像瑞士、德國般的平坦草原或漫坡高地的野原風光？

來到了呼倫貝爾草原，其野原風貌的廣袤，型態的多樣，風景之優美，比之瑞、德所見，實有過之而無不及。說欠缺而有所不及的，只是現代的道路和童話般的平房。

位於內蒙古高原東北部的呼倫貝爾大草原，東邊緊鄰大興安嶺。呼倫貝爾草原河道縱橫，大都發源於大興安嶺。主要的河流及其支流有海拉爾河、根河、伊敏河、輝河、錫尼河等，縱橫不一，都西向流入被蒙古人稱為母親河的額爾古納河。額爾古納河向北

【呼倫貝爾草原地形圖】

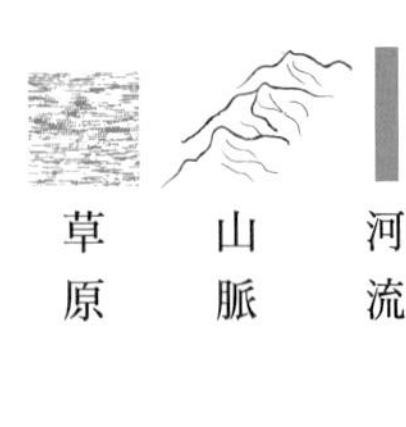

流，最後匯流入著名的黑龍江。呼倫貝爾草原上，有著名的貝爾湖和呼倫湖，呼倫貝爾草原之名，就因兩湖而起。額爾古納河現在是中俄兩國的界河。河的左岸是中國國境，右岸是俄羅斯國境。草原南部再有克魯倫河，東北向流入貝爾湖。克魯倫河又是中國和蒙古國的界河。呼倫貝爾草原是著名的優質草原，簡單描述其中的主要的河湖，就可想像到呼倫貝爾草原，是水草豐美的地方。額爾古納河和克魯倫河左右兩岸的草原，雖劃分為中俄、中蒙國境。從地理而言，東自大興安嶺西坡起，西至俄國與蒙古國境的鄂嫩河和肯特山，是連成一氣的大草原。不同國境是歷史上人為的劃分。這大片草原，自古就是蒙古高原東北部遊牧民族最繁盛的家園，也是二千年來在蒙古高原強大遊牧民族崛起的搖籃。現今中國境內的呼倫貝爾草原，草原類型繁富，自古就是蒙古高原最好的牧區。

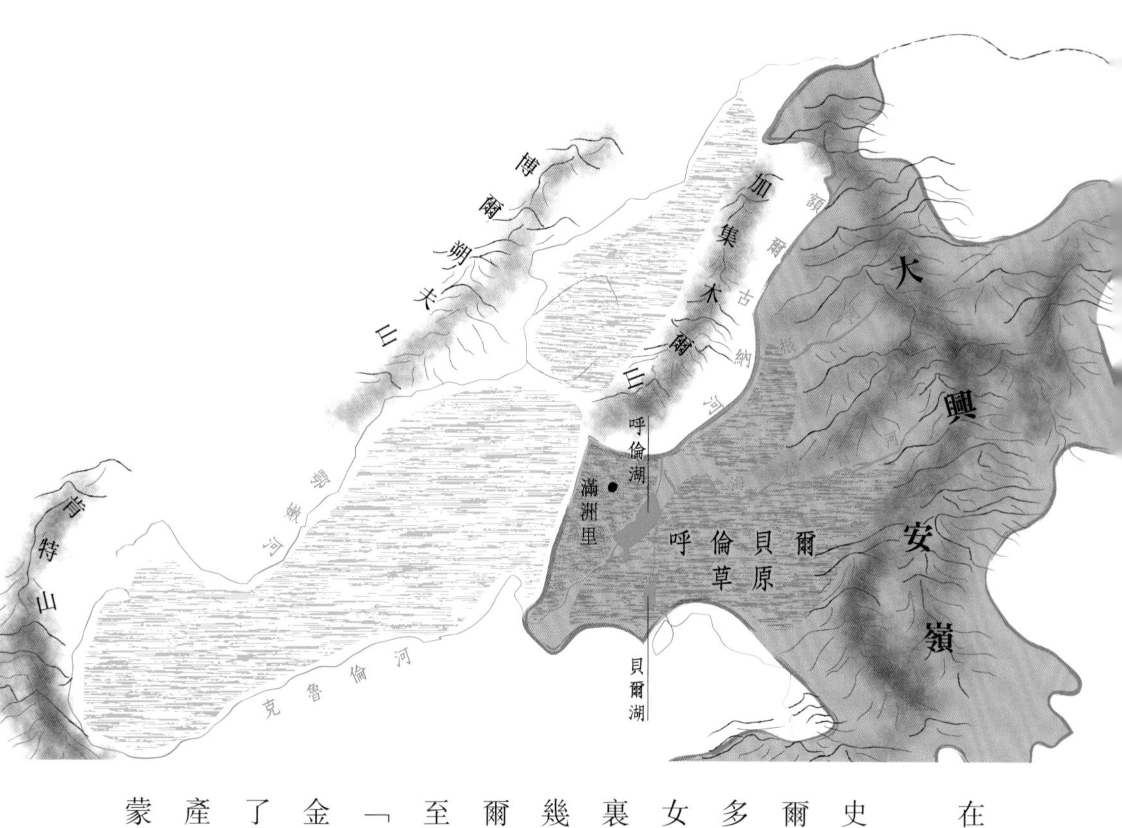

在世界上，亦被譽為四大原始草原之一。

呼倫貝爾草原，固然水草豐美，風光明媚。正如史家翦伯贊先生早在半世紀之前撰文指出：「呼倫貝爾草原一直是遊牧民族的搖籃。出現在中國歷史上較多為人熟悉的著名的遊牧民族，如鮮卑人、契丹人、女真人、蒙古人都是在這個搖籃中長大的，又都在這裏渡過了他們歷史上的青春時代。」此後，經過晚近幾十年的考古發現與學術研究，翦伯贊先生對呼倫貝爾的歷史斷語，愈得到了證實。從中國歷史去看，甚至從世界歷史去看，呼倫貝爾草原可以說是另一個「帝王洲」。蒙古高原出現過的匈奴、鮮卑、契丹、金等等歷代強大遊牧民族，影響了中國歷史，也影響了世界歷史。其中歷史上影響最大的無疑是蒙古族，產生最重要的歷史人物是成吉思汗。成吉思汗塑造了蒙古民族，創建了世界上歷史上、跨越歐亞大陸的最

成吉思汗：《國家地理雜誌》封面

大疆域的「蒙古帝國」。自此中國北方的草原和高原地帶，被命名為「蒙古高原」和「蒙古草原」。成吉思汗在公元二千年，被西方傳媒選為千年歷史人物。蒙古族祖先是在這裏孕育成長的，而成吉思汗奠定了統一蒙古高原的基業，也是這裏成就的。要考察蒙古高原的歷史文明，呼倫貝爾草原是非去不可的地方。

呼倫貝爾草原雖然只是蒙古高原東北的一個區域，地方實在太大了。二十年前到那裏考察和拍攝，囿於時間，困於日程，作為主持者的自己，要照應的事情繁多，實在無法專心致志，詳細了解。加上環境陌生，對沿途所經過的地方和地名，除了屬重要考察目的地外，連東南西北也模糊不清。那時在草原上，任我縱橫，無所謂路。分別是千百年的牧民騎的是馬，我們坐的是汽車，行走自然多了些障礙。二十年後重臨呼倫貝爾草原，已大大不同了。成為中國旅遊的大熱門地區，修起了整齊畢直的高速公路，貫通全區。公路旁標示了方向和地名，汽車在公路上奔馳，一小時可跑近百里，幾個小時就跑了老遠地方。遊車只能沿着公路走，公路兩旁公眾設施多了，熱鬧了，方便了。三幾日，已跑過了廣闊的地

西方世界的成吉思汗形象

方，領略了草原一望無垠，藍天飄着白雲，牛羊成羣的草原風貌。在我這個二十年前來過的人，感受卻不同。留下印象原來的草原風貌，相信只在公路極目的草原深處，變得遙不可及了。二十年前可不同，雖然跑的是汽車，是跑在車跑出來的泥路上，跑在沒有路的草原上，甚至是摸黑的跑，跑是跑不快的，很費勁。現時想起來，是艱苦的，好的是自然原始。那時，常趁空問問司機，否則連方位也不清楚，更何況位置了。草原上雖有汽車，不多。間中有騎着馬和坐着電動車的牧民經過。剛開放，牧民棄騎馬而坐電動車，就成了路上一眾說笑的話題。譬如其中的一個笑話：晚飯後，牧民男主人，總喜歡騎着馬，到鄰近的牧民親戚朋友家串門，喝酒聊天。約晚上十時，才騎馬趕回家。即使喝醉了，也不打緊。只要主人家將客人扶上了馬背，馬自然安全帶回家。現在可不同了。每到冬季，尤其是下雪天每到晚上十時過後，牧民女主人或家人，常要騎上馬去找丈夫。因為很多牧民不再騎馬，改乘電動車出門的。回來時，坐上電動車，酒氣一上，醉了，倒在雪地上，一醉不甦了。這些因時代轉變出現一樁樁的笑談，對以研究中國近代傳統與現代轉化為課題的我來說，另有體會。這些過眼雲煙的樁樁笑談，其實是觸及了傳統與現代轉變中的生活差異和觀念差異。人類幾千年的文明，不管在世界哪裏，都有這種類似的經歷，免不了，只是一時的人，少見多怪而已。無惡意的笑談，開開玩笑，亦無傷大雅。或因此，而產生了歧視，甚至加以鄙視，真是淺陋無知了。

跑在平坦的大草原，一望無際，突然浮起連小學生都明白的道理，「地球是圓的」。小學我們是透過地球儀去認識地球是圓的。跑在視線平坦，極目無阻的草原上，天邊塊塊的浮雲，劃然一線的，半在地上，半隱在地面之下的現象，地球是圓的道理，一目了然，用不着解說。這種現象，除了大草原，只能在了無際涯的汪洋大海才能感覺到。「藍藍天空白雲飄」，是草原常見最真實的景象。藍色穹蒼籠罩四方，飄着的白雲，大都不多也不大，一朵朵的，跟南方的很不一樣。汽車在路上，無現代公路設置，孑然一車往前駛，四方空曠，筆直的望不到盡頭，仿若車子是向着天際往上爬天梯，感覺很有趣。

有一次，夜已深，我們仍在趕路。中途迷路了，原來沿着車子走出來的淺路印，在黑暗中看不清楚，無路可循，車子只好朝着一個方向走在草原上。曠野無人，烏黑黑的，只有我們乘坐的一輛車，害怕是不會的。擔心的只是何時可到達目的地，可以歇息。司機陶大哥，人好，開得玩笑，一手好車，走在草原，如履平地，草原這樣遼闊，好像未有他不熟悉的地方。突然，一種感覺襲來，在車內，有如坐在太空船上，黑漆漆的天際，萬星閃耀，大地不見一點人間的火光，只車內有微弱的燈光。這種感覺，相信貼近了幾千年來，星光夜晚，身處草原上的牧民對天地的廣大卻空寂的感覺了吧。宇宙無垠的感覺，只有活在這些地方，到了這些地方，才會強烈的。

說到這位陶師傅，習慣驅車在廣闊的草原上千百里的奔馳。不同的是，以前草原上的牧民騎的是馬，他開的是汽車。在他的心目中，大地任我縱橫，無不可到的地方。有兩回，要運展品到深圳，再轉運香港作展覽。展品都是陶師傅從呼和浩特開車直接送來的。不要忘記，南北上萬里路，當時沒有高速公路。這樣的安排，只有一種解釋，生長在草原的人們，觀念是，只要可走的，都是路，百里是路，萬里也是路。

來到了呼倫湖，印象也是難忘的。草原上的湖泊，稱為海子。眼前的呼倫湖真大，湖面頗平靜，一望無際，仿如海洋，怪不得稱為海子了。趕到一個漁場，見漁收穫甚豐，雖然不全認識魚的種類，看上去種類卻不少，有些魚是夠大的。湖邊的草長得頗高密，突然間我們發現草地下有很多色彩斑斕、形態不一的彩石。據考古學家説，草原上的石塊特好，是製造石器和箭鏃上等材料。新石器時代，蒙古高原已出現人類文明，石塊是石器時代的重要原材料。材料和新材料的應用，是人類文明推進的重要因素，也是理解人類歷史發展的關鍵。

在湖岸一隅正在拍攝的我們，突然發現在湖岸的另一方，有上二三百匹馬兒在湖邊水草間，看來是放養的。自來到草原，從未見過這麼大的馬羣，且在湖邊自由自在的吃草。我們趕緊轉移陣線，大隊人奔趕去拍攝。不見有

呼倫湖湖面平靜

漁民在呼倫湖上打魚

呼倫湖上放養的馬羣

牧馬人。由我們任意的拍攝。拍攝中，驚動了馬羣，馬羣隨即往岸上跑。攝影師尚未完全拍好這難得湖、草、馬如許壯觀的天然美景。馬羣突然朝我站的方向跑過來。導演大聲向着我叫嚷，要我擋住馬羣，好讓牠們轉回頭。面對朝我奔馳過來的馬羣，心裏發慌，正思量如何走避。導演一嚷，我猶豫了一下，導演再高聲呼喊，我不知從哪裏來的勇氣，竟不自覺的張開雙手，要擋住牠們。出乎我的意料，這樣的一攔阻，馬羣突然在我身前往左向右的轉向回跑。這次經歷真太難忘了。近在身邊，在呼倫湖上，接近了過二百匹以上的駿馬，周圍沒有其他人，太神奇了，悠然想像到千百年來這裏的牧馬人的景象。在草原上，十來匹馬一同飛馳，已很悦目壯觀。如果真是成語所説「萬馬奔騰」，氣勢之磅礴，相信地球都會震動。

成吉思汗最喜歡在呼倫湖南岸上歇息。在湖中離岸不遠矗立的一座三角形的孤山，相傳是成吉思汗的拴馬樁。拴馬，太大了，不可能。傳説倒説明了成吉思汗常駐紥在這個地方。這一帶是山坡地草原，山頭大小起伏不一，相比一望無際的平坦草原，這裏確是作戰和紥營的好地方。在這裏走動時，曾看見一隻大鷹昂首獨立在一個高崗上，姿勢彷若金庸先生《神鵰俠侶》中

呼倫貝爾湖栓馬樁

神鵰。正忙着掏出相機，到弄好了，睥睨獨立的大鵰卻飛走了，心中懊惱遺憾。說到鷹，不知是否自少受金庸先生的《射鵰英雄傳》和《神鵰俠侶》的影響，有一種瞻仰的心理。來到草原，不時向高空仰望，尋覓飛鷹蹤影。說實在，那時草原上，鷹已不多見了，不如在香港維港周邊，更多些。飛鷹種類很多。在草原上所見的比維港所見，體量大得多。牠們或凌空飛越天際，或盤旋俯瞰，或自高崖岸，昂首張翼地站立，那種睥睨一切，獨立蒼茫、雄立偉峙的神態，只有在廣闊的草原、澄高的天空才會感受得到。曾見過，目視僅及，盤旋在空中的一隻飛鷹，突然俯衝直下，速度之快，仿如閃電，一下子再攀升上天空，口中卻銜一隻老鼠。我們讀書，描述行動快如閃電，常以「鷹擊」去形容，這回真明白了，過程只一分幾十秒的事。不要說拿相機拍攝，眨眼間，連想都來不及。去年再同遊草原的朋友，竟然捕攝到空中飛鷹口中銜一隻灰鼠的照片，真是神來之舉。草原過度養牧，草稀薄了，走動的人多了，灰鼠少了，草原上的天上霸主的飛鷹，如同地上的英雄駿馬，都少了，草原上似缺了一點英雄氣概！

呼倫貝爾草原，類型最多，水草豐美。來到呼倫貝爾的幾天，不知天南

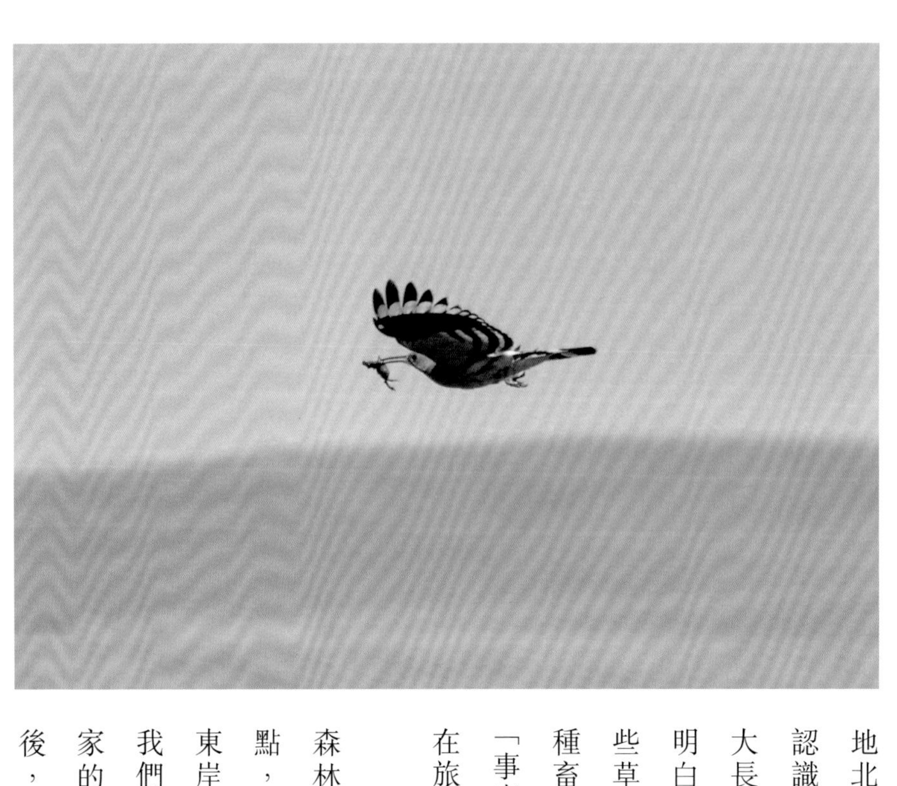

啣灰鼠的雄鷹（林傳賢攝）

地北的，跟着內蒙古朋友在各類型草原上闖。為的是認識不同類型的草原與自然生態。經當地朋友一說，大長知識。欣賞到眼前不同自然生態草原的景觀，又明白了哪些草的營養如何？哪些草適合何種畜牧？哪些草，有若草藥，牲畜吃了，自我調理身體？甚至哪種畜牧吃草的甚麼部位？草原的學問可不少。古語說「事事洞明皆學問」，不就是這種意思嗎？肯問，敢問，在旅途最能長知識。

據歷史可考查的，大安興嶺的狩獵部落首先走出森林，來到草原的是鮮卑族人。他們最初的落腳地點，就是在呼倫貝爾草原。近幾十年，在額爾古納河東岸的草原上，發掘出他們的遺址最多，亦最集中。我們曾順着已發掘出來的遺址，一程程地走，加上專家的解說，了解其間鮮卑人生活的變化。時代越往後，鮮卑人的生活越傾向草原化，愈見有中原文化的影響。千年前的呼倫貝爾地區，不像後來，原是河道縱橫，滿佈大小湖泊，到處都是泥澤濕灘，走出森林生活的鮮卑人，其艱難可以想像。最後鮮卑人南向，走到原匈奴人居地的陰山下，前後足足費了一百多年的時間。

另一個與鮮卑族同樣從大興安嶺森林中走出來，到了呼倫貝爾草原，統一了蒙古高原，再從中國國土，走得更遠，征服歐亞大陸的是蒙古人。蒙古人祖先從大興安嶺走出來，來到的，正是呼倫貝爾草原、額爾古納河東岸與大興安嶺西坡間的室韋這個地方。真幸運，在這裏的室韋鎮附近，竟發現了一個完整蒙古武士的墓葬。蒙古先人從森林走到草原，不僅有史著的記載，更有考古實物的憑據。成吉思汗這一系的蒙古人，從八九世紀，一直生活在額爾古納河東面的森林和草原上。額爾古納河的原蒙古人，最初以狩獵漁獲為主，並從事原始農耕，畜牧非主要。所以《魏書》記載，就說室韋「無羊少馬」。

如同鮮卑人一樣，他們慢慢適應了草原的生活，積蓄了力量。大約在十世紀初才往西遷徙，越過額爾古納河，來到現今蒙古國鄂嫩河和肯特山的附近。蒙古人進入此地區，開始仍以狩獵漁獲耕植為主，看成吉思汗少年生活的描寫，就很清楚。經過三百年多的發展，這個從呼倫貝爾遷徙到肯特山的蒙兀室韋人就有明顯的蛻變，人種上混合了突厥和鐵勒人，繁衍為尼倫蒙古和迭兒勒蒙古諸部。也從過往的農漁狩獵生活，受了突厥的影響，漸轉變到遊牧生活。語言和生活文化等起了蛻變。從民族蛻變而言，九至十二世紀，不同部落的蒙古人其實各自吸納了突厥、鐵勒、契丹、女真和漢人等人口而壯大起來的，成份複雜。鐵木真即後來的成吉思汗就在那裏出生的。

呼倫貝爾草原，對一代天驕成吉思汗是重要的。他在呼倫貝爾草原，留下了不少的足跡。

呼倫貝爾草原，是他先祖最先走出森林駐紮的地方。鐵木真的母親訶額侖夫人家，是放牧在呼倫湖海拉爾河流域的翁吉拉部人。現在在海拉爾河流域山坡上，就複製還原了翁吉拉部的營址作為旅遊景點。一一七〇年，鐵木真九歲時，他父親也速該汗帶同他到呼倫貝爾湖東南部，跟母舅德薛禪的女兒孛兒帖訂婚，並在那裏住過一段日子。到鐵木真十七歲成年，順着克魯倫河東行，來到時駐牧於克魯倫河下游的德薛禪家，與孛兒帖完婚的。經

翁吉拉部營址

十五年的艱苦的奮戰，年二十九歲時，他在蒙古族人中，嶄露頭角，集攏起四分五裂已久的蒙古族各部落，並在一一八九年在現今蒙古國的呼和諾爾湖畔，被選為乞顏蒙古聯盟的汗。其後與札木合爭蒙古族領導地位，鐵木真從斡難河離開札木合，糾合本族，先後移營，最後移到呼倫池。因而避開札木合，日益壯大，人馬眾多，蓄積了力量，能與蒙古族人的最大競爭者札木合組成的聯盟，經過「十三翼之戰」，再與「泰赤兀惕部之戰」，使鐵木真終穩定了他在蒙古高原西北部的領導勢力。鐵木真隨之要征服的新目標，是爭奪蒙古草原東部的呼倫貝爾地區，憑藉呼倫貝爾作基地，最後統一了蒙古高原。一二〇六年被推舉為成吉思汗前，鐵木真前後經過生死存亡的六場大戰，其中三仗的戰場就在呼倫貝爾草原。

一二〇〇年秋，鐵木真與王汗聯軍，從斡難河附近的虎圖澤（今蒙古國鄂嫩河與斡里札河西支流地方）出發，沿克魯倫河東進。在貝爾湖東北部（今新巴爾虎左旗境內）與佔據呼倫湖五部聯軍對峙，大敗五部聯軍。一掃呼倫湖、烏爾遜河、貝爾湖、海拉爾河和額爾古納河等地域的翁吉剌和塔塔兒等部落勢力。一二〇一年，札木合糾集近年為鐵木真戰敗的十二部落在今呼倫貝爾額爾古納河和根河南岸的黑山頭會盟。時駐軍於克魯倫河下游（今呼倫貝爾市新巴爾虎右旗）的鐵木真，立刻率軍東進，沿克魯倫河下游過呼倫湖北岸，渡海拉爾河，直撲札木合十二部盟軍駐地，在今呼倫貝爾陳巴虎旗東北山地、在海拉爾河支流的特尼河，兩軍相遇。這裏地勢河谷寬闊，山勢平緩，幾萬人馬在此衝殺。烏合之眾的十二部盟軍，經不住鐵木真騎兵衝擊，被擊潰。同年，再在位於今呼倫貝爾市新巴爾虎加旗東北部的輝騰烏胡爾圖草原一帶，與金西邊界河（金嶺西長城西段）的闊亦田，經激烈的血戰，最終擊潰札木合盟軍。一二〇二年春，又在貝爾湖之南擊潰世仇塔塔兒部。從此，水草豐美的呼倫貝爾草原與茂密的大興安嶺西坡，成為成吉思汗和蒙古族的基地。一二〇三年夏，鐵木真汗把營地遷到呼倫湖附近駐紮。在這裏養精蓄鋭，糾集更多力量。並協助金朝，經幾次在根河、東烏珠穆沁、興安嶺山麓的戰爭，徹底毀滅了鐵木真系蒙古人的世仇、一直勢力較強大的塔塔兒部。同年，鐵木真與其最重要的同盟、又是他義父的王罕汗決裂，雙方爆發大決戰，結果兩敗俱傷。避鋒於哈拉哈河和呼倫湖西南克魯倫河一帶的鐵木真的蒙古部，經喘息，再糾合力量，終於在斡難河不兒汗山一帶擊敗了強大的克烈部王罕，完全控制了蒙古高原的中部和東部。富饒的呼倫貝爾草原，自此成為鐵木真和蒙古族的充足給養的基地和向外開拓的大後方。一二〇四年冬，為應付蒙古高原西部強大的乃蠻部，鐵木真駐師於呼倫貝爾草原的哈拉哈河畔客勒貼蓋山（在新巴爾虎左旗哈拉哈河中游罕達蓋一帶）。在該地鐵木真總結多年征戰的成敗，整軍經武，並進行軍事體制的改革。這次的改革，歷史學家評論為，是草原遊牧民族歷史上在軍隊體制上最重大改革，也是蒙古鐵騎所以能橫掃歐亞的關鍵。一二〇四年陰曆四月十六日，在呼倫湖西部克魯倫河下游（新巴爾虎右旗境），一望無際的草原上，鐵本真舉辦

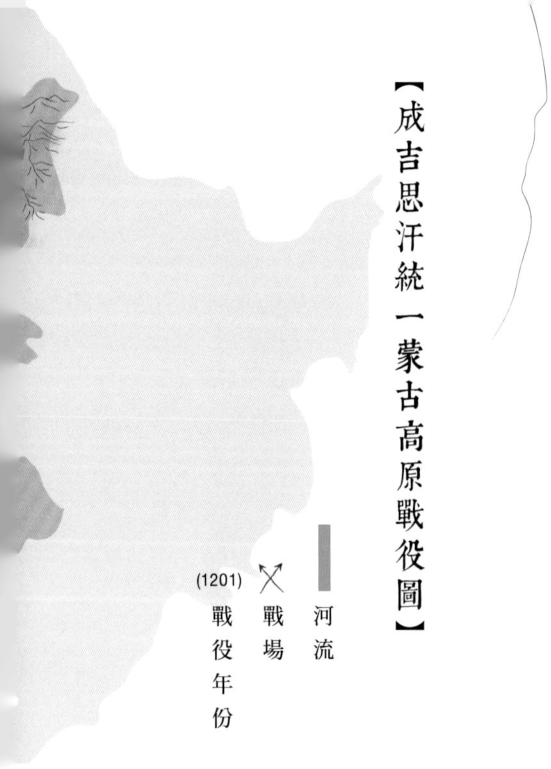

莊嚴的出征儀式，由克魯倫河西進，攻打阿爾泰山杭愛山的乃蠻部，剿滅乃蠻部與其他蒙古高原各族的殘部。到此，經過了二十四年的征戰，鐵木真完成了統一蒙古高原的大業。在一二〇六年，在斡難河源頭的地方，鐵木真被尊為「成吉思汗」。正如他在寫信給長春真人時自豪的話，「七載之中成大業，六合之內為一統」。日後，成吉思汗的蒙古大部隊，出征金朝的戰爭，也是在克魯倫河出兵的。最後蒙古人征滅遼、金，進擊宋朝，同時挺進中亞以至歐洲，都以呼倫貝爾草原為基地的。

回顧成吉思汗的一生，歷史家如何評説他的功過，是一回事。肯定，他絕非只是一個「彎弓射大鵰」的歷史人物。他的艱苦堅忍，他的文韜武略，他的遠大眼光和恢宏胸懷，善於吸納新的文

【成吉思汗統一蒙古高原戰役圖】

河流
戰場
(1201) 戰役年份

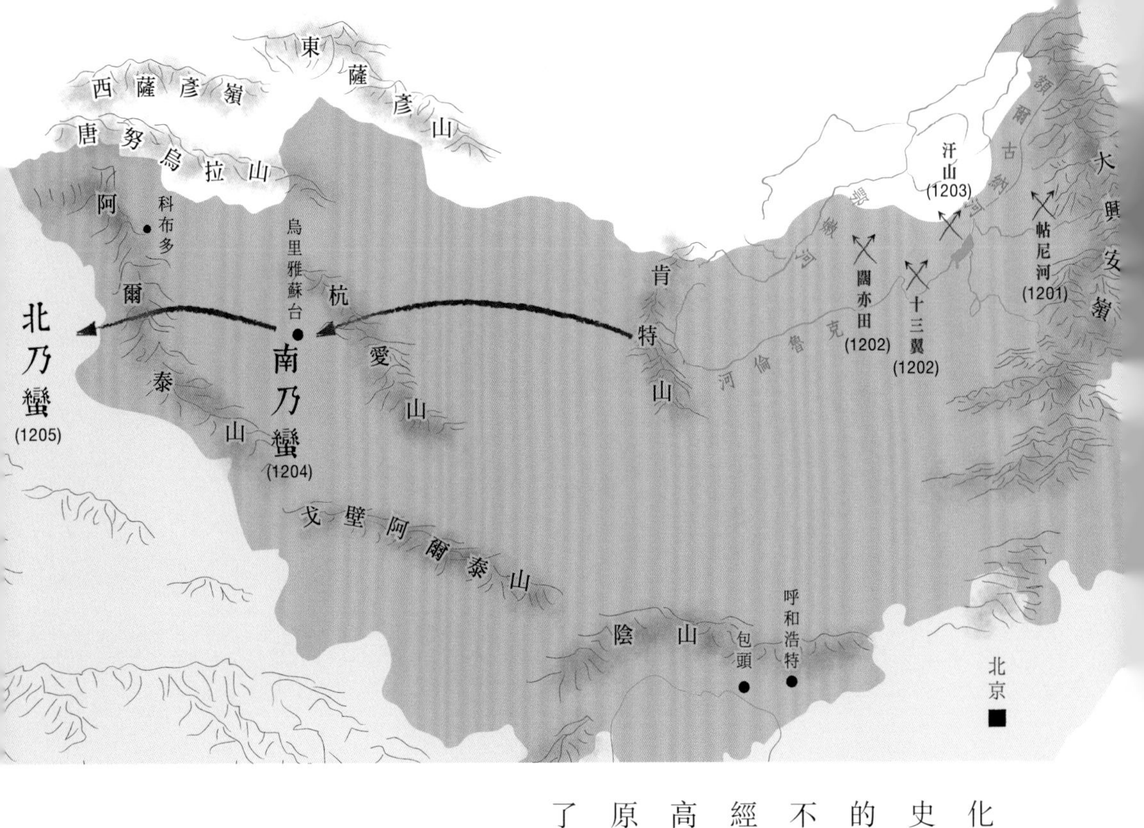

化，他作為領袖的風範，絕對是千年不世出的歷史人物。他不僅征服歐亞大陸，建立起史無前例的世界帝國。在他手中，中國北方的蒙古高原，不同部落，終形成了一個有共語言、共地域、共經濟、共文化生活的蒙古族共同體。中國北方的高原，自此以「蒙古」為名。正如幾千年前的中原地區，黃、炎二帝，造就了「炎黃族」，創造了「華夏文化」，如出一軌。

下卷

文化·感悟

蒙古人的生活天地

幾次闖進蒙古牧民的真正日常生活，是一生行走中國大地的難忘體驗。為尋找歷史的遺跡，為體驗多樣的草原風貌與牧民真實的生活習慣，曠野無垠的錫林郭勒盟草原，一定要去的。

錫林郭勒盟是歐亞大草原東部最典型的溫帶草原，屬國家級草原自然生態保護區，被納入國際草原生物圈。錫林郭勒草原是世界著名的五大牧場之一。自古以來，是蒙古高原遊牧民族的核心牧地。深入其間，若孤舟之入茫茫大海，不知所終。

草原如海洋，雖經千萬年變遷，能留下的歷史遺跡卻很少。其中，在隋唐時代崛興而活躍於蒙古草原的突厥族，在草原上留下的石砌墓葬羣，是其最具特徵的歷史遺跡，當地朋友率領我們考察。遠在中亞平原，同樣存在着的石砌突厥墓葬。

二十年前，我們來到了錫盟草原深處，無論草原生態還是牧民生活，是內蒙古草原中最能保持傳統的狀態。

突厥墓葬羣

突厥墓葬近貌（孔羣攝）

九七年夏秋之間，在由呼倫湖返滿洲里途中，正在草原上奔馳，竟發現了在野曠無人的草原上，一對夫婦帶着一個六七歲的女兒的三口牧民，在一山崗上，從幾輛「勒勒車」上卸下滿載的行李。夫婦倆是典型壯健蒙古族中年人的樣貌，正忙着搭建蒙古包。這是我來到草原後，第一次看到搭建蒙古包。雖然途經，大家不約而同地停了下來。因不懂蒙語，無法了解太多事情，只好一邊看着他們如何搭建蒙古包，一邊走到「勒勒車」周圍轉悠，趕緊拍些照片。不到十歲的孩子，幫忙着整理細碎的傢具。男主人不時再趕往坡下，用「勒勒車」繼續運載餘下的東西。這種情景，相信是幾千年來遊牧遷徙生活的原型，竟讓我們在漫無邊際的草原上碰上了，不能不說是「長生天」的恩賜。我們停留在這裏約一個小時，待蒙古包搭建好了，為趕時間，我們才不捨離開。

為探訪草原深處牧民的日常生活，了解他們的風俗習慣，我們趕往已約好的一戶牧民家。這是一戶比較大的牧民家庭。營地有好幾個蒙古包，我們見到的已有七八個家庭成員。主要為我們張羅的是一對年青的兄弟。他們招待了我們進入蒙古包，喝奶茶和奶油塊，簡單向我們介紹他們日常生活和傳

牧民全家搭建蒙古包

馬術表演（孔羣攝）

統禮儀習慣。近代中國，為了追求現代化，自五四運動以來，一次又一次地，持續不斷地要打破傳統禮儀和社會習慣。這些行為，有其時代的需要，亦有非理性的盲目。跑世界各地多了，閱歷深了。才體會到，一個民族和社會建立起一套禮儀和社會生活習慣，是不容易的。只好因時改良，因勢利導，切不可徹底打破。這是我作為研究一輩子五四新文化活動的，理論研究與實際世界觀察的結論。一個民族、一個社會，失了社會的基本禮儀、生活規範和民族文化的核心價值，後果是嚴重的。文化價值是支撐民族國家不斷發展的支柱。《詩經》有言「人而無儀，不死何為」（《詩經》〈鄘風〉），我們的老祖宗很早就體悟出這種道理。過往中國之能成為最早建立的人類文明，自此維繫幾千年而不墜，道理亦在這裏。

招待畢，他們在蒙古包外的草地上，特意為我們表演了套馬、控制馬羣走向等等牧馬技術，讓我們大開眼界。表演完畢，我們正跟他們站在蒙古包門外聊天訪談的當兒，哥哥突然向我們指着遠處一山頭說：「有狼！」聽了我們趕緊朝他指的方向瞧去，怎麼都見不着。説時遲，那時快，他的弟弟已騎上了馬，向着山頭馳奔過去，一隻牧狗緊隨馬後。我們往年青人跑的方向盯着，見他馳奔上山頭，來回的跑着，我們卻看不着狼影。在我們旁邊的哥哥，不斷瞧着山頭，指點着狼跑到哪裏。不過，他卻對我們說，他弟弟是抓不着狼的。因為只有一匹馬一隻狗，無法包抄攔截，跑過去趕走那狼就算了。聽了這番話，我們才不緊張是否能抓到狼了。剎時間記起，在閱讀關於草原民族的著作，說歐亞草原，傳說有一種遊牧民族，是長着三隻眼睛的。這當然不可信，也不以為是無稽之談，或有其寓意。剛才草原牧民比我們看得遠的情景，讓我忽發奇想，所謂說長着三隻眼睛的傳說，是否形容他們比一般人看得更遠的訛傳和形容。草原這麼遼闊，世世代代生活在這裏的人們，比其他人看得更遠是很可能的。無巧不成書，剛在內地看到一個好像叫「健力士在中國」的電視節目，不同地區的人，選出代表，比賽看誰望得最遠。參加決賽的，是來自非洲和蒙古國比賽者。最後決賽勝出，成為世界記錄的，是一對來自蒙古國的蒙古族夫婦。相信不是巧合，是大自然闊廣無垠的生活環境，鍛煉了草原牧民超越常人的眼力。有懂樂理的朋友對我說過，中國各地各族民歌，數蒙古草原民歌的曲調，最恢宏雄亮。一說一聽，確如此，相信這是他們生活在天高地大的自然環境使然。信焉！名著《草原帝國》的作

烏穆珠沁草原（孔羣攝）

者就說過「人類從來不曾是大地的兒子以外的東西，大地說明了他們，環境決定了他們。」用腳用眼去行走歷史和地理，在書本上無法明白理解的事理，一下子就會豁然貫通，明白過來。

一九九六年，農曆新年的初六日，為補足紀錄片上關於蒙古草原上牧民冬天的生活，這次我們來到了錫林郭勒盟的東烏穆珠沁旗。在草原風光明媚的七八月間，我們多次來過錫盟的西烏穆珠沁旗和正藍旗。這幾個區域都是蒙古高原最好的草原。這次到的東烏穆珠沁旗，比起正藍旗和西烏穆珠沁旗位置更靠北些。

零下二十度以下的寒冷凜冽，白濛濛極目不盡的蒼茫，颼颼風嘯，一陣緊一陣的颸掠地面，冰雪如萬匹白練翻動。這是我們大清早從東烏市到目的地，走了逾兩個小時的途中景象。隱沒在白茫茫天地的白色蒙古包，就是我們要探訪的牧民家，據說周圍百里就此一戶。草原上，水草豐美，人盛畜旺的好時光，是每年的五月到九月。其餘日子，草原上或是漫天風霜，冰雪千里的嚴寒；或是春來待夏，殘雪枯草，泥濘遍地。人畜與共，過着蓄糧耗盡、人畜俱疲的日子。嚴重時，前者被稱為「白災」，後者被稱為「黑災」。草原地區環境，相對農業地區，生存條件是艱難的。零下二十度的嚴寒，我們已領略過。就二〇一五年的這一年，夏季特旱，連呼倫貝爾草原，草長不高不茂，人畜缺水；到了冬天，呼倫貝爾溫度下降到零下四十度，牛羊大量死亡。以現在的現代化設備，國家整體救援的條件下，尚造成災難。試想一百年以前的好幾千年，草原上遭遇上了兩災，人畜兩亡的情況，多麼可怕。怪不得幾千年的遊牧民族南下攻掠，總選在秋天。據《資治通鑑》的資料，在漢宣帝本始三年（公元前七十一年）冬，出現了一個典型的歷史事例：

> 匈奴單于自將數萬騎擊烏孫，頗得老弱。欲還，會天大雨雪，一日深丈餘，人民畜產凍死，還者不能什一。於是丁零乘弱攻其北，烏桓入其東，烏孫擊其西，凡三國所殺數萬級，馬數萬匹，牛羊甚眾；又重以餓死，人民死者什三，畜產什五，匈奴大虛弱，諸

雪野上的蒙古馬羣

國羈屬者皆瓦解。

稱霸蒙古高原，壓迫中原數百年的匈奴大帝國，一場天大「白災」，再經漢帝國出擊，而走向衰敗。

車一抵達，最先映入眼簾的，是在寥廓的雪野上啃食枯萎殘草的上百匹馬，全是蒙古馬。我到草原以來，是頭一次看到這麼多的蒙古馬，這裏出產的是三河馬，是蒙古馬的發源地。據云，現在草原上，純種的蒙古馬已不容易見到了。養得大多是體格高大雜交育成的馬種。時代變了，馬的作用也變了。草原牧區，甚至連馬亦比以前少養了，因為比不上牛羊的經濟價值。牧民，開電單車、開汽車的多了，騎馬的少了。潮流使然，事不得已。人們都是實際的，或者說是功利的，中國人尤然。代表草原，代表蒙古草原，代表蒙古草原的蒙古馬，難道我們就沒有一點兒歷史傳承和保育的想法？希望另有專門飼養蒙古馬的地方，只是我們不曉得而已。草原上如何變，只要留着草原，馬是應該保存的，蒙古馬更應該保存。這是蒙古高原特有的馬種，牠們在世界歷史上，赫赫有名，震懾過世界。熱兵器出現，動力工具出現，幾千年縱橫世界歷史的「勇士」——馬，從此失落了舞台。加上在當今無堅不摧的經濟發展下，馬甚至喪失了牠們存在的價值，能不讓人感慨萬千。一部幾千年的世界歷史，有人簡約為「野蠻世界」與「文明世界」的長期對抗的歷史。馬，是遊牧民族武力優越的最重要憑藉。蒙古人就是騎着這種不顯眼、甚至是不順眼的蒙古馬，征服了歐亞大陸的。人固然不可以貌相，馬亦如此。蒙古馬在過去二千年，就讓體格雄偉、挺拔威猛的印歐馬種，在戰場上吃盡了苦頭，一如牠們的主人。法國著名草原文明研究名家勒尼・格魯塞在其名著《草原帝國》中，有一段生動而令人發噱的話。他說：

> 蒙古人應該與蒙古馬配合在一起。況且，他們是相似的，他們都是同一個草原的兒子……。他們經受同一的訓練：蒙古人，身材矮小短粗，骨硬，厚粗，不雅觀。……他們的馬是粗頸，肥大的小腿，厚毛，但令人驚奇是牠的奮勇，毅力，堅忍心，對飲食的

「吊馬」（孔羣攝）

有節制，四蹄穩妥。雖小而醜，但牠不知道疲乏，有時像閃電一般。這種戰馬在歷史的黎明時期，就已構成它比印歐種「馬的馴養者」的優越性。

蒙古人如何騎着蒙古馬，征服了歐亞大陸，這本身就讓人興趣盎然的歷史。可惜這裏無法鋪陳，還是讓有興趣的讀者，再行找書讀讀吧。

在這裏，上百匹蒙古馬不像牛和羊全被關起來，雖然冰天雪地，仍日夜駐牧曠野上。冬天，是配合主人打獵的時候。冬天，也是成長的少馬接受耐寒、耐勞和耐餓，牧民稱為「吊馬」訓練的日子。我們目睹過牧民放馬長跑幾小時，回來後，然後吊掛住，用工具不斷削刮冒汗成霜的馬身，去掉馬的臕肉，只許長驃的訓練過程。人如此，馬如此，天生體質以外，刻苦的訓練是成才的保證。

眼前，載着婦女小孩，往來帳篷附近搬運東西的駱駝，滿身長着金黃色而綿軟的長長的密毛，原來冬天的駱駝毛色是如此漂亮的，與我們平日所見的，大不相同，顯然為禦寒的生物自我調節。滿披長毛的羊羣和牛羣，都圈養在遮風擋雪的圍欄內，瑟縮地互相依偎着。眼前，只有蒙古馬，或縱馳於

冬天的駱駝

冬天牧馬

蒙古人的生活

宰後自然冷藏的牛隻，用牛皮毛裹着放置在帳包外，供整個冬天食用。

凝凍的大地，或昂首於疾風勁雪，一派的不在乎。這種境況，真讓我們認識蒙古馬作為草原勇士的不凡氣概。

蒙古包只是牧民歇息、飲食和家聚的地方。蒙古包外四望無際的曠原，才是牧民的天地。我們忙着四處拍攝，穿梭於牧民生活真情實景之中。冰凍受不了，我們不時躲進帳內火爐旁取暖，喝一兩杯滾熱的奶茶，吃幾片乾牛油。初時在蒙古包，已見到幾位男性長者在另一屋中，圍着火爐，邊飲酒，邊閒聊。他們說的是蒙古話，聽不懂，亦無法攀談。約兩個小時光景，再進來，見他們一邊相互勸酒，一同唱起蒙語歌來。再過一兩個小時，他們仍喝着酒。或許是酒意濃了，不再說話，也不共唱，而是你一首我一首的接唱起歌來。剎那間，我心弦為之震撼。他們之間，哪裏是對談？哪裏是對唱？哪裏在對喝？而是各自用語言、用歌聲、用心靈向他們的「長生天」對話。只要在內蒙古行走過的，都難以忘懷蒙古族人的好酒善唱的歡宴。之前，我總以為唱歌，是蒙古族人賓主相娛的習慣。這一刻，看着幾位長者，擱下酒杯，各自忘我地、一首接一首地吟唱。恍然間我明白了，牧民的唱歌，不全在歡娛相聚，更重要的是向他們長生天的傾心的對話。草原上，天何其高，地何其大，隻身孑影在牧羊，何其

牧民的農曆新年服飾

蒙古包內歡聚：爺爺與孫女

寂寥！人在天地間，何其渺小！低吟高唱，原是生命存在的呼喚，與百靈鳥悠美的歌聲，穹蒼中的鵰鳴，交織着草原的天籟。

不經過這番寒徹骨的體驗，不會真認識歷史人物的偉大。遙想歷史：西漢時的張騫，孑身持節在冰封萬里的貝加爾湖牧羊十餘年的情景；走過了新疆才明白，唐朝時的唐三藏，在黃沙萬里、蒸熱難熬的戈壁灘上，踽踽獨行的苦行。張騫活在漢武時期，三藏活在唐太宗時期，都是雄主盛世的時代。難道只有在這種時代，才能出現這種器宇非凡的偉人——這莫非就是我們常說的「時代精神」。

在冰天雪地的日子，最溫暖的地方是蒙古包內。在蒙古包內的中心地方，一直生着熊熊的火爐。火爐上總是掛着一大壺開水，男女老幼一家圍坐在火爐周圍，親密溫暖，與外邊的冰冷，成為兩個世界。剛好是農曆年間，牧民都穿戴着艷麗的蒙古服飾。大綠，大藍，大紅的，在大白的天地間，更顯得色彩繽紛，份外奪目。

一次回蒙古包取暖後，走出來，突發現遠處有一牧民搬遷的行列。穿上的都是過新年的傳統鮮艷顏色的蒙古服飾。行列中，有勒勒車，有駱駝羣，有馬羣，有牛羊羣，褐色的、白色的、黑色的、斑駁諸色的，有如一條彩帶，橫擱在天地白茫茫的遠處，份外觸目。這是冬天牧民的遷徙的真實景象，竟給我們不期然的遇上了。這是拍電影也安排不出來的場景，又是長生天的恩賜。我們拍攝組，用不着打招呼，大家飛奔過去，分別用攝影機、相機，拍個不停。直到他們遠去。事後，回到東烏市，將場景播放給市文化廳的人觀看。連他們也不大相信，說近年在草原已很少碰上這樣傳統的景象了。上世紀八十年代初，多次聽過沈從文先生談論中國服飾藝術，其中也說及到顏色的時代潮流。他說，中國歷代服飾，到了滿清時代，不僅形制上有了很大的變化，色彩的喜好，也大為改觀，尚好採用大塊的鮮艷顏色。因為入主中原的蒙古人和滿族人，都生活在藍天白雲的草原或大綠大白的森林中，是他們色彩審美的來源。來到了白茫茫的天地間，只有鮮艷的大色彩，才襯托出人在大自然間的造美。蒙古牧民老小，穿戴大塊鮮艷的傳統服飾行列，亮麗了世界。沈先生的話，經此一個場景，體會就深了。

那天，除了老人家在屋內取暖、喝酒和談天唱歌外，成年人全在外頭忙着。兩個約莫十歲的男孩子也不空閒。或幫忙搬運燒火用的乾牛糞，或幫忙

【牧民冬遷營地】

這是千百年蒙古牧民遷徙的原本形態，依然是傳統工具和鮮艷衣飾。能碰上真是運氣。

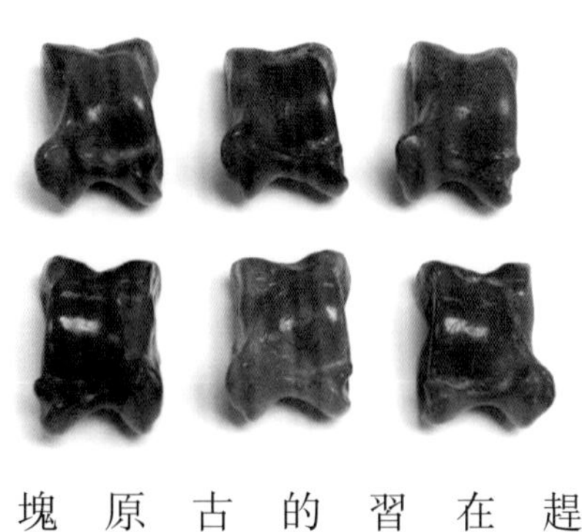

嘎拉哈遊戲

趕離了羣的牲口。幫不上忙時，他們東敲敲西弄弄的，閒不下。突然，他們在蒙古包旁的雪地上摔起跤來。摔跤，是傳統蒙古族男兒三技之一，自少嫻習。這不經安排的摔跤，我當然在旁駐足觀賞。一時興起，我邀請年紀稍大的跟我摔跤，不到五分鐘我給摔倒了。我少時尚習過二年武，卻不管用。蒙古包內，幾個女孩子另有玩意。她們靠着火爐邊，圍着玩遊戲。走近一看，原來玩一種很像我們少時很流行的「振石子」的遊戲。但她們用的不是小石塊，而是羊骨塊，稱為髀石，是羊蹄與腿骨接合的髀骨。是蒙古族兒童的玩具。去年遊呼倫貝爾草原時，我說給旅遊局的路女士聽，在離開草原的前一天，她送我一盒稱為「嘎拉哈」的禮物，盒面還附上「童年記憶」四個字。盒內有六塊大小相同的髀石，就是那回蒙古包內小姑娘玩的遊戲。物輕情意重，二十年的記憶，更是沉甸甸的。

我們正忙着找尋可拍攝的場景，突然有人呼喚我們集中在蒙古包一旁，圍起來看一位年青牧民宰羊。宰的羊是準備來宴請我們的。年青人一下子就放倒了羊，迅雷不及掩耳，鋒利的小刀連手插進羊的心腹之間，只一瞬間，羊就一動不動了。隨之，利落之極，整隻羊皮帶毛的剝落下來，羊毛和雪地

孩兒三技之一：摔跤

女孩子在蒙古包內玩「嘎拉哈」遊戲

牧民宰羊

上沒啥血跡。然後，再將宰了的羊放倒在一大盆上，拉出灌滿羊血的內腸。整個過程前後不到十分鐘，比我們宰一隻雞還要快。俗語說「死雞撐飯蓋」，我們都見過被宰的雞，血淋淋垂死掙扎總會有十多分鐘，不像年青牧民的宰羊，瞬間就沒點兒聲息，軟綿綿地倒在地下。宰羊能比我們宰雞還利落，還乾淨。這是牧人迅速割斷羊的大動脈，讓血倒流入大腸，不使外流的結果。煮熟的血腸，可盤成一大盆，隨意一斷一斷的切割食用。這種宰羊手藝，真讓我們大開眼界，嘖嘖稱奇。牧民再告訴我們，宰羊除了是技藝外，另有心意。牧民養羊是為了活命，羊對他們來說，既是生存之所賴，心存感激；日夜相伴，要宰殺掉，自然有不捨之情。宰羊，動作要快，目的要減少被宰的羊的痛苦。這是草原上牧民的真誠的感情與人畜相處的樸素倫理。在草原上，吃羊肉，要吃得要乾乾淨淨，不留點兒肉屑。如同農耕社會，自古以來強調「粒粒皆辛苦」，吃完飯碗內要不留下飯粒，這是祖父輩從小就教導我們，道理一樣。宰羊與吃羊肉，都是牧民日常中傳承下來的生活價值，簡樸卻雋永。從中，真讓我們感慨人類社會如何定先進和落後，又如何定文明與野蠻？

沒污染的人情

大自然生態環境，要懂得保護；良風美俗，更要細心設計和呵護，這是人類賴以永存的兩大因素！

雖然內蒙草原近年因為要發展經濟，環境破壞不少，為世詬病。但是，直到現在，內蒙古傳統的主體草原，仍保持着在世界上不多見屬無污染的原生態草原。

九十年代中期，初到大興安嶺，是從呼和浩特市飛海拉爾市。一抵城內，我感覺空氣之清新，未曾有過。感覺沒一點雜味，嗅的都是空氣的味道。可能我來自香港，平日空氣雜味紛陳，未嚐過純空氣的味道是怎樣的了。十天後，我們從大興安嶺走出來，回到了海拉爾市，嗅着空氣感覺有電油味。相隔不過十天，嗅覺相異若此。當然這不會是海拉爾市十天之間，空氣突然變差了，是自己的嗅覺起了變化。當是時的海拉爾市，汽車並不多，空曠的城市，跑着多見是電單車。原來對我們感覺的清新，變得不夠清新，嗅覺經受了更清新空氣的洗禮，敏感了。但新近一次由海拉爾轉進大興安嶺，不再有這種敏感的反應。近二十年，海拉爾市發展迅速，已成為內蒙的第二大城市了。市內高樓林立，車水馬龍，與內地紛紛發展起來的新城市無異。發展的代價，常伴隨着的是污染。

最初，來到了內蒙古，對草原環境毫無了解，難免認識上有不少差誤，慢慢學懂了，才改變過來。

記得初抵蒙古地區，為先睹草原真貌，急不及待地央求當地朋友，盡快帶我們到草原瞧瞧。無論初去呼和浩特市或其後到海拉爾市，參觀靠近市郊的草原，見水草尚美，不由地稱讚幾句。但當地的朋友，卻面帶憂色地回答說，這些草場正在退化。草仍是綠油油的，何以會如此說？主人見我們面有迷惑之色，遂解釋說：凡草原長着一棵棵較高大的雜草，就是這種草場正在退化。草場退化，隨即會漸沙漠化，因為草原下面養草的泥土是很淺薄的。原來如此！稍後，深入到草原地區，經過一些地方，尤其在寬廣的漫坡上，竟見到隴列整齊、一望無際的小麥田。中國以農業立國，生長在南方珠三角洲的我，對農田份外敏感和親近。總體來說，以人均計，中國缺農地。如果草場可成耕地，草原這樣遼寬，不就增加了大量的耕地了嗎？這種想法不正是上世紀六十年代，為開拓農地，增加糧產的想法嗎？經當地朋友向我們解釋說，很多草場變農田，考慮不周，拿捏不慎，尤其在上世紀六七十年代，草原農地化的政策下，將牧場改成農地的草原，經一二年的耕植，土地就變得貧脊，繼而荒漠化。一經荒漠化，農地維持不了，草原也破壞了，再恢復不了原來的草原生態。這種情況，古已有之，於今為甚罷了。在蒙古高原的沙漠與荒原地區，原本是水草豐美，人畜繁盛的地方。由於過份的開墾，終成了沙漠和荒原，農業不成，牧業又失去了，並添造了自然災害。蒙、甘邊界的居延地區，河套的鄂爾多斯地區，都是千百年前歷史活生生的實例。多做點科學研究，多唸唸歷史，多聽聽專家學者的意見，就不會犯歷史性的錯誤，貽誤後世。「以古為鑒」，有助於糾正人類「人定勝天」的狂妄，才能保住大自然的環境。沙漠化和荒原化在八九十年代，問題變得更嚴重，當前亡羊補牢，國家開始了推動「退耕還原」，「退耕還林」的計劃。去年，再到草原和大興安嶺，見着大幅大幅、甚至是一望無際的棄耕地，這是「退耕還原」的結果。

二十年前到過的根河附近，堆滿木材的林場，而今一派冷落，木材不多。

森林、草原和耕地

大興安嶺鄂倫春旗森林濕地，這是二十年前見的景象。羊羣在陡峭的山坡上吃草。能跑陡峭山坡的多是山羊。

二十年前大興安嶺滿歸林場情景，二〇一五年已沒有此種景象了。

退耕還原後野地

原來經多年政策的過渡，二〇一五年四月國務院頒發了新政策，大興安嶺山脈全部封山，不容許因經濟理由，砍伐一棵樹木。其實，五六十年代開始，為解決中國人多而糧食不足的問題，全國都掀起造田運動。記得少時，在珠三角農村，糧食主要是稻田。卻分兩類，近海的稱鹹田，灌溉的水是鹹淡水，一年一造，產量也不高。另一種是淡水稻，一年兩造，畝產也高些。為增加糧產，遂實行改鹹水田變為淡水田。這種工程很大，既要修築水庫，又要築河渠引水庫的淡水灌溉原來的鹹水田。這種由鹹水改造為淡水田的，雜草易長也特別多，耗費大量的民力。糧產是增加了，民力卻倍增，鹹水田原種稻禾外，還有大量出產鹹淡水的魚蝦，著名的基圍蝦，就是生產在鹹水的基圍中。自此，魚米之鄉，只得米沒多漁獲了。數學很容易計算，結果得不償失，稻米的增加，總體的收益是少了，也改變了千百年的自然生態。這種現象，我原以為只出現在珠三角這樣的地區。原來地域不同，地理環境不一，為了向大地要糧，全國不同程度都出現過這種盲目開發的事情。開發發展固然重要，但要尊重符合科學，要不違反大自然的規律，不可急病亂投藥，眼光短淺。開發是關乎千秋萬世，工業開發亦如此，不可一刻或忘，不要後代再承

在草原上生活的一户牧民

擔惡果。

為慶祝內蒙古博物館成立五十周年，受邀參加典禮並旅遊考察。這次活動有故友、原香港文化博物館館長嚴瑞源兄同遊。他是頭一次到內蒙古。來到一處濕地草原，綠草如茵，一灣淺河清澈的流着。嚴兄附耳對我說，這麼美麗的草原，只養牛羊，實在浪費。何不每到夏季，開闢成養鴨場，再搞些青年學生夏令營，多好。

這次旅程，我們要到約好的牧民家，參觀他們的日常生活。原約好一個時間，但過一個多小時，才見牧民來帶路。對成長在香港並在美國紐約生活過的嚴兄，這樣嚴重的爽時，自然感到不可思議。來到了牧民家，看他們一家大小，不分男女，按程序工作，整然有序。路上牧民並告訴我們，早上畜牲出了點事，要弄妥才能接我們。我們明白了，他們的時間觀念不

牛羊羣

同於我們的城市人。城市中人，是按時行事的，牧民是按事行事的。生活形式不同，並無誰落後誰先進的可比性。在牧場，我們目睹牛羣回來了，牧民忙着為歸來的牛羣在張羅。他們說，牛羣晨早走出去，約略在太陽下山前回來，不要他們看趕。牛羣回來的時間，亦非每天一樣，時早時晚，看牛羣走到哪裏。我們看着牛羣從遠方回來，一頭跟着一頭的，秩序井然。牧民說，前頭的是領頭牛，羣牛都聽牠的，跟着牠列隊而行。在草原上細心觀察，會明白到，畜牧世界也有牠們的倫理。牛羊都有領頭的，俗語不就有「領頭羊」的說法嗎？公牛公馬長大了，要經過體能智力的競爭。強者才能留下來，傳宗接代，輸掉的或騙了，或要離開族羣。不捨得離羣別母的小公馬，母馬也會忍心趕着牠離開。明白了這種動物世界的倫理，我們才會體會到孟子所說「人之異於禽獸幾希矣」這句話的深意。

有序、血統傳承，就是動物世界其中的倫理。「人之異於禽獸」的「幾希矣者」，就是人之為人多了一些人性的靈光而已。

多次深入內蒙古草原，亦感受到不少牧民純厚的人情，二十年後，仍然難以忘懷。

草原民族與森林民族非如想像的落後和野蠻，他們的社會倫理，與生活價值，也有自命先進和文明的社會所不及的。

成吉思汗絕非只識「彎弓射大鵰」，蒙古民族曾稱霸草原、橫掃世界，自有其多種因由。其內部不僅在軍事和政治體制上，有很大的突破性的革新。即在生活的人情風俗和倫理上，成吉思汗都曾經大力整頓過，在社會人心上建立起超越草原前代的良風美俗。傳之後世，蔚成傳統。宋朝大史學家司馬光在其名著《資治通鑑》評論東漢的歷史，說過：

教化，國家之急務也，而俗吏慢之；風俗，天下之大事也，而庸君忽之。夫惟明智君子，深識長慮，然後知其為益之大而收功之遠也。

司馬光說出了歷史上治國不易的大道理。漢興唐盛之能長治久安，在於能建立制度，能大力提倡教化，奠基文明的結果。成吉思汗看來懂得總結一些治國良方，曉得「教立於上，俗成於下」的一些治理社會的道理，其成效影響幾百年之後。這不就是司馬光「其為益之大，而收功之遠」的說法嗎？

一次，攝影隊來到內蒙古北部的豐美的烏珠沁穆旗草原，拍攝牧民放牧的場景。我們相中了茫茫大草原上的一處高地。高地上搭建了兩個大蒙古包，周圍放有上千隻的大羊羣。放羊的是一位大約二十歲的青年，騎在一匹赤色駿馬上。馬踏青草，年青牧民揚鞭，藍天白雲，一片草原好風光。導演和攝影師拍得興起，來回反覆地拍攝。大羊羣也漸由山坡高地往下邊大草原平地轉進。我們眼見，大羣羊往坡下擁擠而下，白色一片，千頭攢動，如流水行雲的壯觀。當時我們從上而拍，未能捕捉好這種鏡頭。稍一遲疑和商量，羊羣已在年青牧人驅趕下，走很遠了。我們趕緊驅車趕上，情商年青牧民將羊羣重新趕上高地，好讓我們再拍攝一次。年青牧民二話不說，照做如儀，這樣終於讓我們拍攝到理想的場面。

這樣讓年青牧民和羊羣折騰好幾小時，實在過意不去。但當地朋友一再

牧羊青年

叮囑，牧民雖然幫過忙，不可付予報酬和餽贈。說他們傳統習俗，視能幫助人，不僅是應該，也是樂意的，要我們不要破壞他們的社會風氣。我們生活在「文明社會」已習慣了，總感覺不對。心想，他們叮囑的，我可不付錢，我們車上有酒，蒙古牧民喜歡喝酒，送酒總可以吧？有此念頭，我雙手各拎二瓶白酒，走向年青牧民，說因忙沒時間請他喝酒，送上幾瓶酒，讓他喝喝。騎在馬上的年青牧民，如何勸說都不肯收下，只好一再道謝而已。幾年來，在草原上行走，我們碰上這樣的例子可不少。「沒污染的草原」、「沒污染的人情」，是我說到蒙古高原後常叨唸着的話，或許出於現代社會「人心不古」的感慨吧！

這是我在草原的眾多純厚人情體驗的其中一樁。內蒙古草原是純自然沒有污染的草原，我感到草原牧民滿溢沒有污染的人情。隨着經濟開發大流滾滾，人心容易丕變。只能祈禱蒙古高原，能留下沒污染的草原，也傳承好沒有污染的人情。

喝酒的故事

自從去過了草原，與一眾朋友聊天時，我時常講到在內蒙古喝酒的經歷和體會。懂喝酒與不懂喝酒的，聽了亦覺有趣。寫草原紀行，是否要有説酒故事的專題，我一直猶豫。因為喝酒，是很爭論性的問題。但是，「喝酒」有着幾千年的歷史，是人類長久以來的一項生活習慣。酒，為人類社會文明與飲食文化不可不言及的內容。我自己尚能飲酒，幸好從不酗酒。跑地方多了，接觸所及，感覺到不同的國家和地區的民眾，對喝酒有不同的態度和習慣。從喝酒中去觀察，甚至可體會到不同的文化和生活的價值。去過內蒙古的人，都會知道，這是一個很喜歡喝酒的地方。

一九九四年第一次去呼和浩特市，不過短短的幾天，已感受到內蒙果然名不虛傳，是一個離不開酒的地方。每餐飯無酒不歡。幾天來，事情談過了，也喝了主人家好幾頓酒。一個晚聚，我要作東回請。在酒樓賣酒的地方，我挑了一二種酒，不在價錢，選上的是一種大約四十度左右的白酒。幾天以來，自覺喝得太多了，想喝度數低一點的，善待自己。購了幾瓶，擺放在飯桌上。其中一位當地朋友輕聲地說：「陳先生，這種酒的度數太低了吧？」聽了有些愕然。認識不算久，如此直率地說，真有點意外。主人家既然這樣說，只好掉換了，改成度數高的。日後我們之間稔熟了，才知道蒙古地區，喝酒的，都喜愛喝烈酒。理由是度數較烈的酒，比較合胃口。其且認為，高度酒喝後，酒精容易揮發，不大傷身體。是耶？！非耶？！我不清楚。自己經驗是，喝低度酒如中國黃酒，日本的清酒，甚至是啤酒，千萬別喝醉。這些低度酒喝醉了，頭痛若裂，難過極了。好的高度酒，醉後卻易醒復，醉時亦好過點，不知是否這種道理。

八九十年代，內地的宴請，喝酒有兩種現象。一是喜歡喝啤酒，在內蒙古地區，當地人都不大喝啤酒的。二是宴桌上總有三種酒，大的杯是啤酒，中的杯是葡萄酒，小的杯是中國白酒或洋酒。在內蒙不管酒杯大小，只有中國白酒。初訪呼市的一回，在返港前的一晚，主人在一個蒙古包的餐館中宴請。對我來說，是頭一次，感覺充滿草原情調。也學懂了蒙古人端起酒杯喝酒前，要先敬天，其次敬地，再敬人的禮儀。一個穿着蒙古袍的姑娘，不時的拿着白色的酒瓶，不斷在你身旁，一邊唱着歌一邊勸飲。這種情景，酒，哪能停得下來，只好不醉無歸了。席間，用刀、甚至用手去吃大塊大塊羊肉，大口大口地喝着酒，豪氣干雲，氣氛熱鬧極了，情緒痛快極了，酒亦會喝得愈興奮。

八十年代在新疆伊犁附近的蒙古自治縣，嚐過下馬酒、上馬酒的，老遠來去迎送的喝酒。對在南方人來說，已覺新奇。神州大地，不同地域不同風俗，讓你神奇的多得是。八十年代初，到西安，一邊喝酒，一邊和詩，飯罷再以書法寫成留念。這種經驗，真讓我這個唸文科的慚愧。酒興是有了，也應付得了。不懂詩，也不擅書法。西安，到底是千年古都，仍留下了斗酒百篇的人文遺風。

闖蕩內蒙地區幾年，可以說的喝酒故事，真的不少。春節期間，零下二十度在牧民蒙古包內喝；在室韋鎮與「俄羅斯大嫂」喝；在遼瓷之鄉，整一瓶一瓶地拼酒；在美岱召一口氣喝三大杯烈酒；在赤峰市盤龍大戰幾小時的混戰等等，不一而足。都可繪影繪聲，是其他地方未遇到過的喝酒故事：熱情、盡興、豪邁、痛快。但千萬別誤會，不喝酒的人，不就是去不了內蒙！事情卻非如此，如果真是滴酒不沾，一再辯解，主人就不會勉強。近年受外邊風氣影響、加上生活豐富精彩，也不像過往了，倒是「文明」了，但卻欠缺了以往在草原上特有的一份豪情。能酒的，試一下「醉卧草原君莫笑」，亦是人生美事。

《草原帝國》一書的作者說過，蒙古人常喝烈性酒的。實際上，有些歷史學家認為，有些蒙古統治者所以英年早逝，是與酗酒有關。歷史也確實如此。

成吉思汗甚至蒙古人接觸到酒，在《元史》〈阿拉兀思傳〉有一段記載，在成吉思汗要討伐位於蒙古高原西部的乃蠻部時，已與成吉思汗暗中通款的汪古部阿拉兀思汗，不僅拒絕乃蠻部太陽汗要求支援的請求，並逮捕乃蠻使者，通信給成吉思汗，並贈送給他六桶美酒。當時蒙古族人尚不知甚麼是酒。成吉思汗一連喝了三杯，停下來說：「這樣的東西，如果只喝一點，是可以提神的。如果喝多了，會迷失本性。」可見成吉思汗是一個很理性的人。成吉思汗生前也曾立過禁酗酒令。可惜，他自己的子孫輩已不聽他的話了，不少沾上了酒癮。成吉思汗的幺子、年僅四十歲時的拖雷，在一次狂飲作樂後的第二天早晨，因宿醉走出帳外而倒地暴斃。一二四一年十二月十一日，在蒙古漠北首都哈剌和林的窩闊台大汗駕崩，據説酒醉昏迷而死的。成吉思汗的幾代繼承人，不少更因酗酒而英年去世。隨着蒙古的強大，征服四方，物質豐富，酒已日漸成蒙古人的生活必需品，飲酒亦成為了蒙古人的嗜好了。一直沿襲下來，以至於今，喝酒成了蒙古高原的生活特色。蒙古地區之好酒，我還是以地理生活環境去理解的好。以往蒙古人，生活在草原，生活單調，天寒地凍，茫野孤寂，容易借酒聚興；如要四處征戰虜掠，生死須臾，戰後喝酒狂歡，這都有自然環境和生活形態的影響。其實，自人類有文明起，就離不開酒了。而酒在人類文明中，毀譽參半。少了酒，或許人類文明少了不少倒行逆施、糊塗混帳的大小事；但缺了酒，人類文明就沒有那樣的多姿多彩。沒有曹操的「對酒當歌」，劉伶的載酒負鋤，沒有李白的〈酒德頌〉和斗酒百篇，沒有蘇軾「把酒問青天」，李清照的「濃睡不消殘酒」等等。這些數不盡的人文風流韻事，古今中外皆然，分別的只是各時各地的不同而已。日本人之好酒，是與他們的社會環境和心理結構有關，也是例子。喝酒，是可以體驗到不同地區和民眾的生活習慣和態度的，這就是酒的文化。

草原上的世界大都會——元上都

「元上都」，在蒙元時代，是著名的國際性大都市，蜚聲歐亞大陸。中外亦留下了不少當時來到過元上都各色人等的親身記聞。元上都我去過好幾回，見證了二十年來，元上都遺址由荒蕪，逐步得到保護、整修和部分復原，漸發展成為可資遊覽的歷史景點。

二十年前，純粹從旅遊參觀的角度，如果沒有專家解說，對這段歷史沒有一點認識，去到那裏，準會失望。遺址連頹垣敗瓦的狀況也說不上，只皇城東牆留存的一段較完整的遺牆與原城宮殿建築地基的一些殘留，供人憑弔。還不如北京圓明園遺址完整。經過專家學者長期的考古發現和文獻研究，

元上都宮殿地基

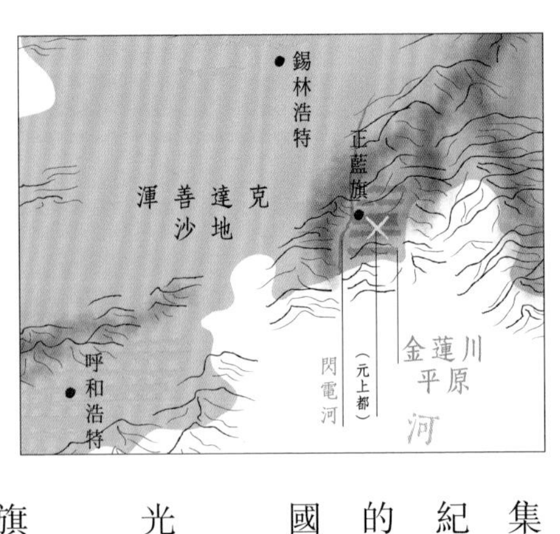

集攏了散佚存世的一些文物，尋揞出不少其時的圖像，翻查出大量當時豐富紀實詩文和中外行紀的描述，這座建於七百年前，荒蕪已久的世界史上著名的「草原國際城市」，終浮現出其原初的一些面貌。「元上都」，也就成為國際學術研究的熱門課題。

遊走內蒙古，經修整過的元上都，是值得參觀的。元上都所在的草原風光，更不容錯過。未涉足過草原的人，尤其很開眼界。

元上都，位於內蒙古自治區錫林郭勒盟正藍旗的金蓮川平原。正藍旗在錫林郭勒盟草原的南部，直線距北京僅五百二十里，距河北張家口二百四十六里，距呼和浩特五百里，距避暑山莊三百四十里。以現在的交通，都不遠。所以要標示與這些著名地方的距離，旨在顯示正藍旗在地理位置上的重要。正藍旗的金蓮川平原，北依綿延起伏的南屏山，南臨蒙古草原東南部著名的灤河（又稱閃電河），東西兩邊和灤河以南都是廣闊的草原。正藍旗之北有著名渾善達克沙地，沙地之北是純牧區，之南為農牧結合區。所以正藍旗周圍地區，是一處融草原、森林、沙漠、湖泊等多元自然景觀，既集中又豐富，是旅遊探察蒙古高原的好去處。當年考察，印象跟到蒙古高原其

閃電河（孔羣攝）

他地方不一樣。高原地域太廣闊了，跑老遠，只能觀賞到一二種風貌。在金蓮川平原周圍，一個車程，是一種大自然景觀，如此豐富多采的自然景觀，份外快意。

未到呼倫貝爾草原前的一個夏天，來了金蓮川，才領略到草原之為草原的多方面風貌。金蓮川是灤河沖積而成的平川，春夏之交開始到盛夏，綠草如茵，滿綴着各種野花，諸色紛陳，一望無際。近看遠觀，都是天壤間賞心悅目的風光。置身草地上，正如元詩〈金蓮川〉所描繪的「紫菊金蓮漫地生」。當地朋友一一指點介紹，金蓮花和紫菊外，長着的還有如芍藥、地椒、野茴香、蔥、韭等奇花異草。腳底下映入眼簾的，花團錦簇，草香花芳襲人。其中數金蓮花最是觸目。「金蓮花」，「花色金黃，七瓣環繞其芯，一莖數朵，若蓮而小。六月盛開，一望遍地，金色粲然」。金蓮花的花兒雖然不大，長的卻密麻麻的。遠望過去，黛綠與金黃交織，太陽映照下，金光燦爛，怪不得金蓮川特有「金色草原」之稱了。

那季節，草原上各式飛禽走獸，也最活躍。站在草原上，最惹目的滿天飛着、吱吱鳴個不停的百靈鳥。百靈鳥又稱白翎鳥，南方似沒有的吧。少年時代，「百靈鳥的歌聲」一語，深入心坎。可能是來自某首流行民歌的影響。這次在金蓮川才認識廬山真面目，當時心情雀躍，像見着久違的童伴。白翎鳥長得小巧玲瓏，總是一雙一對的，飛得不高，在草花上穿梭，歌聲不算響亮，卻清脆悦耳。南方的鴛鴦，總是在池塘上，貼着翅膀交首游弋，喁喁細語的情景，誰都會駐足欣羡的觀賞。北方草原上的百靈鳥，不僅歌聲動人，牠們「雌雄和鳴，自得其樂」的習性，與鴛鴦堪可匹敵，都是天地間讓人動容的演繹着雙棲雙宿、不稍分離的情愛象徵。怪乎元代著名詩人迺賢特以〈金蓮川與百靈〉為詩題，說：「烏桓城下雨初晴，紫菊金蓮漫地生。最愛多情白翎鳥，一雙飛近馬邊鳴。」正藍旗金蓮川草原上，遍野牛羊。散佈着的羣羊，遠望宛如蔚藍天空飄着的朵朵白雲的倒影。元代著名詩人周伯琦描繪「灤河上游狹，涓涓僅如帶」，貼切極了。河在上都遺址南門不遠，迂迴曲折地淌流着，清澈見底，岸

金蓮川周邊平原（孔羣攝）

邊的草疏密不一、與河水漫接在一起的草叢，風吹夾着流水，搖曳生姿。這是鑲在平坦廣闊的草原的河流才能見到的景象。

金蓮川周遭不遠，風光也是夠迷人的。

元人王輝在他的《中堂事記》概括上都形勝為「龍崗蟠其陰，灤江經其陽，四山拱衛，佳所蔥鬱」。從金蓮川再往外，北去是丘陵草原地帶，地勢漸高，崗巒綿延起伏，是一種丘陵草原帶，比起平川草原，又是另一番草原景象。向東北行數十里，有已經荒漠化的森林帶，疏落的生長着山榆、白樺、楊樹等喬木，再是長着沙柳、黃柳、紅柳、沙蒿、駱駝刺等矮叢林。老幹盤根和過早出現的黃葉，屹立在黃色沙丘之上或淺灘湖泊的周圍，色彩分外濃烈。迷人的風光，再承載着厚重的歷史，不是最讓人着迷嗎？

金川上最重要的灤河，也有歷代詩人不少詠誦，如

遍地金蓮花（孔羣攝）

〈寒夜駝車渡灤河〉多有情調：

雜沓氈車百輛多，五更衝雪渡灤河。當轅老嫗行程慣，倚岸敲冰飲橐駝。

胡助的〈灤河曲〉：

行人驅車上灤河，灤河水淺人易過；北入太液流恩波，潤澤九州民物和。

薩都剌，回回人，元一代詩人，留下詠誦上都的詩作甚多，他的《上京即事》十首中有詠〈上都居民生活〉二首，詠道：

牛羊散漫落日下，野草生香乳酪甜。捲地朔風沙似雪，家家行帳下氈簾。

紫塞風高弓力強，王孫走馬獵沙場。呼鷹腰箭歸來晚，馬上倒懸雙白狼。

元代詩人陳孚在他的〈金蓮川〉（《元詩選》）一詩中說：

茫茫金蓮川，日映山色赭。天如碧油幢，萬里罩平野。野中何所有，深草臥馬羊。昔人建離宮，今存但古瓦。秋風吹白波，猶似哀淚灑。村女採金蓮，芳草紅滿把。

這些詩詠，不啻為後人編織起近千年前的元上都的《清明上河圖》的風情畫。

遠古的不說。公元前的戰國時代，最早建築起來長城之一的「燕長城」，就經過了正藍旗的閃電河，當時史載稱之「濡水」。燕長城以南，設置了上谷（在今北京懷來東南）、漁陽（在今北京密雲西南）、北平、遼西、遼東五郡。上谷和漁陽管轄的濡水上游的錫盟南部。秦漢間，蒙古高原匈奴和東胡兩強東西峙立，正藍旗正是兩大部落聯盟，劃分為「歐脱」，則雙方作為緩衝的邊界棄地。西漢初，匈奴統一了蒙古高原，設單于庭和左右賢王庭統治整個蒙古高原。左賢王王庭位於漢朝上谷的正北，約在錫盟中部一帶，因而濡水上游地區屬左賢王部將駐牧地。西漢前期，匈奴常與西漢在濡河上游交戰爭奪。公元前一三三年匈奴發兵進侵漁陽、上谷等邊塞，名將衛青反擊，出上谷至龍城（錫盟東西烏珠穆沁旗附近），大勝。元狩四年（前一一九年）

金蓮川地帶景致（孔羣攝）

漢發動對匈奴漠北之戰，霍去病出塞二千里，大敗左賢王，奪匈奴東部地區上谷塞外之地。後由歸附漢朝的烏桓族入駐牧五郡塞外之地。烏桓族在濡水流域生活了二百年。東漢後期，烏桓族內遷塞內和中原，繼烏桓先後主宰濡水上游地區的是鮮卑的檀石槐和「小種鮮卑的」軻比能。下來是由拓跋鮮卑和鮮卑化的匈奴族宇文部西東分治。簡略一說，正藍旗這地方在遼、金、蒙元以前的一千年，是東胡、匈奴、烏桓、鮮卑等北方著名遊牧民族駐牧的核心地區。自遼主開始，選擇了元上都這片地方作為皇室冬夏「行營」或是「行帳」後，金朝歷代皇帝仍之，並開始名之為「金蓮川」。一二一一年成吉思汗南下討伐金朝的桓州和撫州，常以金蓮川作為夏宮。

正藍旗的「金蓮川」，在歷史上變得更重要，要從忽必烈說起。

忽必烈在中國歷史上，甚至是世界歷史上，是成吉思汗以外最廣為人知的蒙古人。成吉思汗統一了蒙古高原，整合了蒙古族，並成為蒙古世界大帝國的奠基者。忽必烈則是統一了中國的元王朝的締造者。忽必烈是成吉思汗第四子拖雷的次子，是蒙古第三代大汗蒙哥的弟弟，是成吉思汗的嫡孫。

公元一二〇六年，鐵木真整合了蒙古各部落，統一了蒙古高原，建立了大蒙古國，稱號成吉思汗。其勢力覆蓋漠北和漠南，並向四方擴張。滅掉了南方金朝後，劍指中原的南宋王朝。金蓮川地處漠北和中原的交通要道，自蒙哥即汗位（公元一二五一年），忽必烈則受命總領南面漢地的軍國大權，由漠北南下駐帳於金蓮川。忽必烈是一位雄才大略的人，早有「思大有為於天下」。為南下征服漢地，以在漠北時設置的「藩府舊臣」為基礎，廣招「凡戰功卓越，滿腹經綸，精通治國之術者」，不管種族、宗教、專長，集於帳下，建立了在蒙古發展史上卓卓有名的「金蓮幕府」。「金蓮幕府」的設立，積聚了大量人才，尤其是漢人。不僅幫助他奪得大汗之位。忽必烈受其幕府漢人的影響，確立了以漢儒建議的「用漢法，治漢民」，崇尚儒學「王道之本」，「實太平之基」的軍國理念。用現代語言和流行管治的說法，忽必烈在金蓮

元上都——牆刻

元上都——磚刻

川建立的「智囊團」，太成功了，可以作創業者的教本。可惜至今，用歷史去談管治經驗的，就忽略了忽必烈這個人和他居功至偉的智囊團。

元上都作為草原城市，規模與繁華，自是了不起的。但元上都的創建，在文化理念和城市結構上，很具歷史意義。在十三世紀這個時代，元上都是中國南北的中原文化與遊牧文化，也是世界東西文化交流和融匯的文明結晶。或者比擬不倫，一個是都城，一個是園林。在中國大地上，元之「元上都」，清之「圓明園」，是人類歷史上融合了中外文化、建築藝術和工藝，是當時世界最先進、最華麗，而投下了巨大財力和智慧，建築而成、一時無倆的文明結晶。可惜都毀於兵燹。現在可以想像其原貌的，只靠文獻的記載與一鱗半爪的遺址和文物。

一二五六年忽必烈命他很倚重的漢人謀士劉秉忠在「灤水之陽，築城堡，營宮室」，三年而成，是為「開平府」。此城是元上都的前身。在忽必烈眼中，「上都」的地理形勢特殊，「控引西北，東際遼海，南面而臨天下，形勢尤重於大都（現在的北京）。」這種地理戰略位置，對要君臨長城南北的遊牧民族尤然。

一二六〇年忽必烈在元上都即汗位，是為元世祖。一二六三年擴建開平府號為為「上都」，而改燕京為「中都」。這兩座皇都都是漢儒劉秉忠策劃的，並有著名天文和水利科學家、時為劉氏助手的郭守敬等人參與規劃興建。自元上都建成，元王朝奉行的是兩都制，中都為首都，上都為陪都。一二六七年又在中都東北建新城，一二七二年再改中都為大都，同時對上都改建為規模宏大，富麗堂皇的草原城市。成吉思汗以來，蒙古族的傳統首都設在漠北的和林，自此元帝的帝都才轉徙到漠南和中原。遼、金等北方民族建立的王朝，建都地址的選擇，與中原為核心的漢王朝不相同，他們立國後，多採取多「都」制。漢土王朝以中原為中心，塞外是邊疆，習慣在邊疆築長城以為固。遼金元等強大北方遊牧民族，在塞外立都，以適應他們按季節的遊移生活習慣。進入中原建立起王朝後，他們王朝的統治性質，既是繼承中原王朝系統，成為「皇帝」；同時，仍是塞外眾遊牧民族的「大汗」。遼王朝如此，金王朝如此，元王朝亦如此。甚至滿清王朝所以要建立「避暑山莊」，亦基於這種理念。

「元上都」建立後，自此近百年間，一邊是元朝歷代皇帝盛夏避暑、辦公和娛樂的場所。同時也是元朝在北方草原的政治、經濟、軍事和文化中心。對元上都的繁華，我們仍可透過當時人的詩詞，去領略一二。忽必烈留有七律〈陟玩春山紀興〉詩，說到他參與郊野活動情況。末句「淨刹玉毫瞻禮罷，回程仙駕馭蒼龍」，意氣風發，確有一代開國帝王恢宏的氣象。元代陳孚在《開平即事二首》，全面描繪了當時的上都面貌。詩說：

> 百萬貔貅擁御閑，灤江如帶綠迴環。勢超大地山河上，人在中天日月間。金闕觚棱龍虎氣，玉階閶闔鷺鵷班。微臣亦有河汾策，願叩剛風上帝關。天開地闢帝王州，河朔風雲拱上游。鵬影遠盤青海月，雁聲斜送黑山秋。龍崗勢繞三千陌，月殿香飄十二樓。莫笑青山窮太史，御爐曾見袞龍浮。

雖有點舞文弄墨，詩內確道盡了元上都周遭山川形勝的優越，宮殿園囿的宏偉瑰麗。至於有詩是這樣說，「天子清暑宮峨峨，兩都日騎如飛梭。穹廬畜牧草連坡，青鸞白雁秋風多。勸君馬酒朱顏酡，試聽一曲敕勒歌。」動感地描述了上都的君民生活狀態。

由於蒙元是橫跨歐亞的大帝國，元上都自然成為當時世界性的大都市。

馬可孛羅

居民在原中國各族外，有來自世界各地的使者、商人、傳教士等。這些來人，遍及高麗、日本、緬甸、印度、尼泊爾、中西亞的阿拉伯、波斯、突厥等，甚至遠來自法郎國（歐洲）、意大利等地。曾受忽必烈眷顧的馬可孛羅，留下了歷史名著《馬可孛羅遊記》，就有不少關於元上都的記載。馬可孛羅從意大利，隨父叔千里迢迢到來元上都營商，留在中國十七年。他對元上都的宏偉繁榮、軍政和日常生活，都留下重要的一手記載。元上都作為當時世界最重要的國際城市，自然成為中外學術研究的熱點，著作繁富，不是這裏浮光掠影的紀遊所能交待清楚的，也不是行走遊記所宜詳細敘述的。

據同行專家告我，元上都所在的正藍旗，至今仍是蒙古傳統文化保留得最好的地方。該地的仿元宮廷技法的奶製食品、蒙古摔跤、標準的蒙古語、恪守各種傳統祭禮和儀式等等，都屬之。這跟蒙古帝國建立後，郭林格勒草原是蒙古黃金家族直系後裔駐地，而元上都地區是成吉思汗名將札剌兒部的木華黎家族世襲領地，或許有關。

蒙古象棋

從蒙古象棋說起：蒙古高原與世界歷史

上圖是一副「蒙古象棋」，是木雕的棋子和木造的棋盤兼盒子。看似粗糙，卻是蒙古老藝人，按承傳了數百年的傳統工藝，手工製作的。粗獷素樸，地地道道的草原風格。「蒙古象棋」本身，不僅是蒙古地區的一種棋藝，很具世界歷史和文化意義。所以我隆而重之的收藏着。

一回，與時任內蒙博物館館長的邵清隆先生聊天。他說草原上的牧人仍喜歡以「蒙古象棋」競藝。並且說，「蒙古象棋」的遊戲規則，既近乎「國際象棋」，又滲有「中國象棋」的因素。一聽說，我就滿懷興趣，追問「蒙古象棋」的種種，還想弄一副把玩。我不精於下棋。下象棋，到我們的世代，仍承繼世代傳統，不管老少、不管精通與否，大多數男性都會的玩藝。於棋道，我水平甚低。我雖神往圍棋，卻無緣學懂，也算是平生的一憾事。一聽說「蒙古象棋」，就產生興趣，或出於「歷史癖」，想知其究竟。遂懇請邵館長費神代我購買一副藏玩。他知道我心思，說坊間賣的，全是普通的機製品，手工做的不會有的了。隨之告訴我，說他認識一位老牧民，已七八十歲了，是做蒙古象棋碩果僅存的藝人，嘗試讓人到牧區，求他為我做一副。聽說尚有手工做的，時代變化那麼急，早晚會失傳。這是傳統民間工藝，便死命央求邵館長去辦了。

再次到了內蒙，邵館長已給我弄到這副手工做的「蒙古象棋」了。並說經我一提醒，他也為博物館購藏一副。不久，這位牧民工藝家也過世了。

對蒙古象棋的弈法，我曾請教過在博物館從事研究的安麗女士，她曾為「蒙古象棋」撰寫過專文。蒙古象棋與國際象棋同源，都出自古印度，經波斯然後傳到阿拉伯，隨之大興。約在十三世紀蒙古西征，自始傳入蒙古草原。屢經變革，而演變成如今有自我弈法和風格的「蒙古象棋」。詳細的說不了，看看「蒙古象棋」的棋子類型和造型，草原風格就不喻自明。蒙古象棋的弈法，跟國際象棋和中國象棋比較，之間同中有異。舉例說，蒙古象棋的「王」，不像中國象棋的「王」，只坐守底部的內隅，按步移動；而蒙古象棋的「王」，可任意遊走全棋盤去廝殺的。這不正是歷史的現實的寫照嗎？歷史上的遊牧民族，王者大都率軍征戰四方。蒙古族更是如此，成吉思汗、蒙哥、忽必烈等蒙古名王不用說，子孫歷代汗王大都身臨戰場，親自指揮。幾百年後說是蒙古人後裔的帖木兒、阿提拉也好，甚至奧圖曼突厥的穆罕默德二世，無不如此，甚至戰死沙場。又如，在「蒙古象棋」中，「馬」比「車」重要，能弈成「雙馬」駢進，威力最大。這種種的弈法和規矩，無一不反映了「「蒙古象棋」，其實是遊牧民族的文化特性和價值觀。

小如「蒙古象棋」這樣的一種棋藝，其流傳有緒，演化有跡，文化內涵，反映了蒙古時代，在歐亞大陸上各種文化交流的一個例子而已。

在中國，我們總誤以為，歷史上的中國很封閉。開放與世界的交通，是近代的事。由於「絲綢之路」之廣為傳播，人們才知道中國與世界，有過幾千年交通交流的歷史。但仍然少人認識到幾千年來，人類文明重心的歐亞大陸的交通大道，另有「草原之道」，而且蒙古草原是其源頭。

在美國參觀過仍然保育着印第安人土著傳統的地方，他們的傳統生活的用品和生活習慣，與幾萬里外，重洋阻隔，位於亞洲最東北的大興安嶺上的鄂倫春族等狩獵民族，何其類似。都住「搭羅子」，都以樺樹皮做生活工具和手工藝，等等。無怪乎有中外學者，認定北美洲的印第安人是在冰河時期，來自亞洲、跨越白令海峽的狩獵民族。在俄羅斯參觀莫斯科國家博物館，文物面具，有亞洲人面貌的，有歐洲人面貌的。還有在西伯利亞俄羅斯草原，發現完全是中國傳統廟宇的建築模型。公元前後的匈奴人、柔然人、六世紀的突厥人等，崛起於蒙古高原的遊牧民族，勢力都跨越亞歐北部的草原。幾百年前，狩獵民族來往於歐亞大陸的北部草原和森林，由大興安嶺到俄羅斯大草原，都是暢通無阻，往來不絕的。

人類幾大古老文明的發祥地，兩河流域文明、地中海文明、波斯文明、埃及文明、印度文明和黃河文明，在地理位置上，皆處於歐亞大陸的邊緣地區，相隔萬里。但幾千年來，從東到西，從南到北，民族、經濟和文化的互相交流傳播，持續不斷。各種文明之間的相互影響，既深且廣，遠出我們的意想。「絲綢之路」的歷史，就是這種長久而持續的歐亞交通與文化物質交流的表徵。但橫亘於歐亞的交往通道「絲綢之路」之外，另有「草原之路」。幾千年來，從世界史去審視，「草原之路」對歐亞民族播遷振幅之大、軍事衝突之劇烈、政治疆域變動之頻仍、民族間混融之深廣、文化交流之廣泛，真出乎我們現今一般的認識。逾二三千年來，歐亞大陸這種波瀾壯闊的東西互動，推波作瀾的，常常是來自中國北部的蒙古高原。

在莫斯科博物館所見東方面孔的面具。

蒼茫草原，絕漠荒磧，莽林重山，這些蒙古高原極目無垠的自然景觀，似亙古未變，見不着多少人文歷史的痕跡。然而，在蒙古高原仍近乎原始狀態的自然景觀的背後，卻隱藏着一部尚需向大眾揭開的大歷史。

希臘時代，被稱為西方歷史之父的希羅多德（Herodotus），在他名著《歷史》一書中，首先介紹了歐亞草原上的遊牧民族。書中的一些描述，古希臘人已認為是荒誕離奇。即使活在希羅多德一百年之後的一些希臘哲學家，將希羅多德說成是「傳說的販子」。到十八世紀以前，對希氏《歷史》關於草原民族的記載，歐洲學者還是半信半疑的。這方面，我們中國似乎好得多。不說更古老隻言片語的記載。公元前，太史公司馬遷，在他的名著《史記》中，對蒙古高原遊牧民族，自有史以來以至於他身在的年代，都有較完整系統的記載。從世界歷史文獻的角度，《史記》關於遊牧民族的記載，彌足珍貴。比起日後的史著和史家，司馬遷歷史視野宏遠，不同凡響。早期的遊牧民族，無文字記載，逐水草而居，遷徙不定，倏起倏落，文字和遺物兩缺，無屬於遊牧民族自己書寫的歷史。所以草原上的遊牧民族的歷史，一直披着厚厚的面紗。

在莫斯科博物館所見中國樣式廟宇模型，在西伯利亞出土。

蒙古高原，自有史以來，就與中國歷史的發展緊緊扣在一起，是建構成完整的中國歷史和鑄造成中華民族不可或缺的重要部分。蒙古高原雖位於歐亞大陸的東北一隅，在長達二千餘年的時間，不但在中國境內，且持續影響了世界歷史的進程，是塑造歐亞大陸歷史面貌的重要動力。

由亞洲東北部的蒙古高原向西，到歐洲的俄羅斯草原和偏南的匈牙利平原，自古以來是歐亞大陸的大通道。這條大通道稱為「歐亞草原之路」。

公元前八世紀，在歐亞草原興起的遊牧民族，歐亞存在過的大帝國，都飽受他們的威脅。歷史上顯赫一時的波斯帝國的居魯士和大流士，羅馬大帝國的亞歷山大帝等，無不一生要面對着被稱為「蠻族」的遊牧民族的威脅。

早在一九六一年，近代著名的歷史學家翦伯贊先生，在內蒙古地區，經過兩個月，行程一萬五千里的實地考察，寫成了一篇傳頌甚廣的歷史文章〈內蒙訪古〉。文中他說，這回考察是「見所未見，聞所未聞」。又說他經此考察，才「揭穿了中國歷史的秘密」。一個以淵博著稱的歷史學家，對蒙古高原的歷史尚有這種要重新認識的感慨。五十年過去，中國和世界學術界對蒙古高原遊牧文明歷史的研究和認識，與翦氏當時雖不可同日而語，但對於社會大眾，蒙古高原的歷史畫卷，半展半捲的，仍然未完全打開。我們一旦展開了這個畫卷，在我們面前的中國歷史和世界歷史，是一幅新的圖像。

中國歷史，自有史以來夏商周三代的鬼方、玁狁開始，接着是東胡、匈奴，鮮卑、五胡、突厥、回紇、遼、金、蒙古，直到滿洲族從東北入主中原，建立大清皇朝，長達三千年的中國歷史，以漢族為主體，農業文明為主導的中原，與以遊牧民族為主體和草原文明為主導的蒙古高原，就糾纏在一起，匯演出一幕幕南北衝突和融合的扣人心弦的歷史劇。不說別的，中國歷代王朝中，北魏和北朝，遼、金、元和清，都是來自北方蒙古高原的。長達三千年的中國歷史，固從何說起？如用大椽巨筆去勾勒，其中一條中國歷史發展的脈絡，可視為是一部南面以漢族為主體的中原農業文明和以遊牧民族為主體的北方草原文明，持續衝突和不斷融合的歷史。直到辛亥革命之後，南北最終搏擊而成一個據有九百六十萬平方公里的中國，形成一個一體多元的中華文化和中華民族。在中國區域內三千年以來的南北長期衝突和融合，最終的抵成，整合成一個現代形態的民族國家與一體多元的文化。不僅中國歷史如此，至少在歐亞大陸，農業定居的文明與來自草原的遊牧文明的關係，造就歷史的結果，與中國歷史幾如出一轍。而且，都深深受到來自遙遠中國北部蒙古高原遊牧民族的影響。

公元前，中亞地區，西起伊朗高原，南至今印度北部，北至西伯利亞，東到蔥嶺以西，基本上是以操雅利安或印度歐羅巴系語的白種塞西安人的天下。自公元前二世紀起，崛起於蒙古高原西南部的遊牧民族匈奴帝國，稱霸歐亞草原幾百年。直到屢敗於漢帝國，被迫西遷，中亞塞西安族逐漸為西遷的匈奴及其後裔兼併或倉徨西走。繼匈奴而起，曾稱雄中亞的是來自蒙古草原的鮮卑、柔然、嚈噠等，他們都不同程度改變了歐亞大陸的歷史進程和格局。六世紀，崛起於蒙古高原的西突厥，也因屢敗於中原唐王朝而西遁，卒在中亞取代嚈噠，成為主宰中亞幾個世紀的主人。到十二世紀，繼突厥而在中亞稱霸，最後建立橫跨歐亞非三洲大帝國是源出蒙古高原東部的蒙古族。經長達一千年來自蒙古草原遊牧民族一個接一個的西進，結果塞西安族幾乎絕跡中亞或融鑄於新來的民族。由於來自蒙古高原不同遊牧民族先後的崛興，掀起一波隨一波，後浪逐前浪的歐亞大陸民族大移動，這種主要在歐亞大陸向西和向南的民族大移動，給世界史投下了重要影響。原居中亞的塞西

【蒙古軍隊歐亞征戰示意圖】

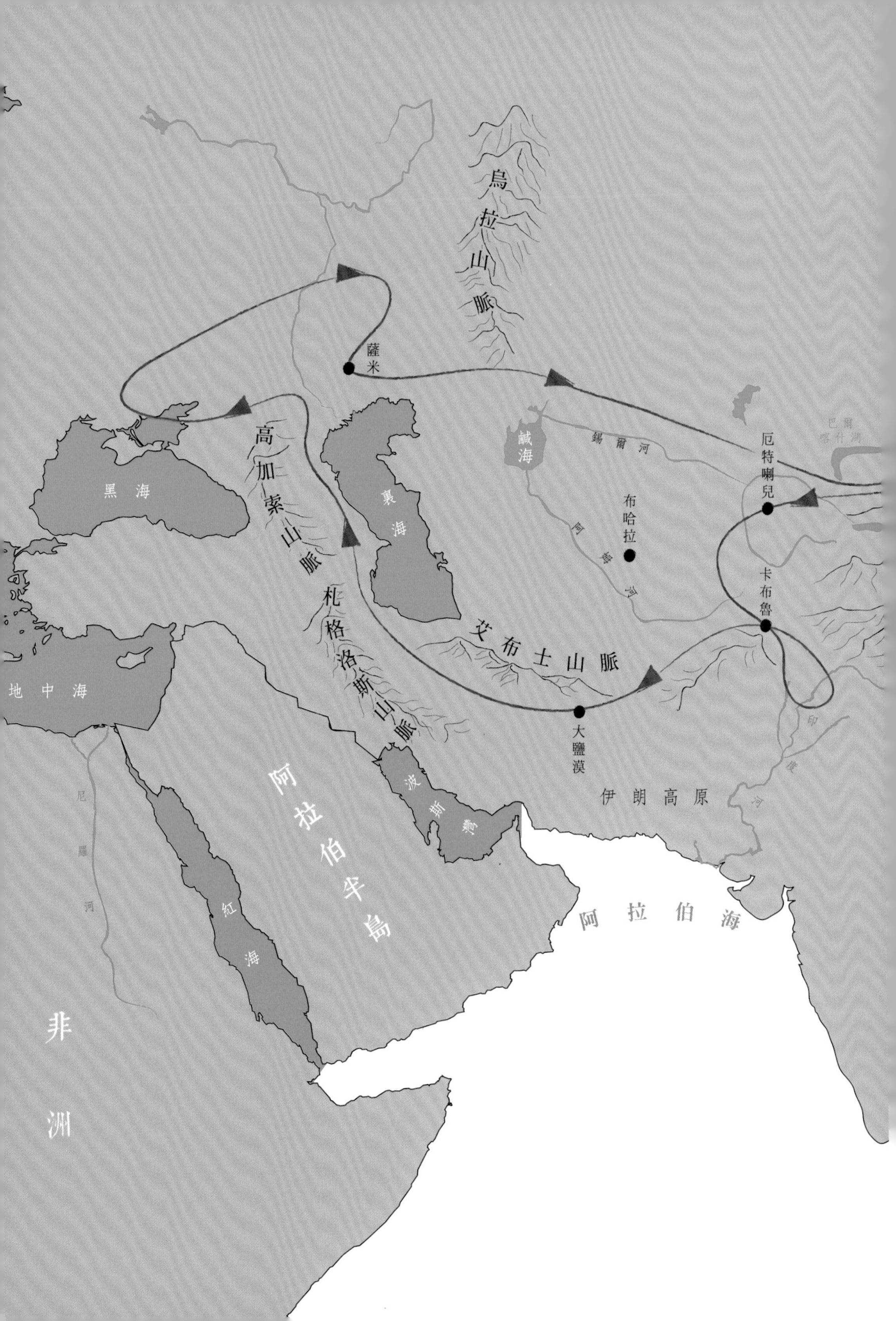

烏拉山脈
薩米
高加索山脈
黑海
裏海
鹹海
錫爾河
阿姆河
布哈拉
厄特喇兒
巴爾喀什湖
卡布魯
艾布士山脈
杋格洛斯山脈
大鹽漠
地中海
尼羅河
阿拉伯半島
波斯灣
伊朗高原
印度河
紅海
阿拉伯海
非洲

【蒙古帝國及四大汗國地圖】

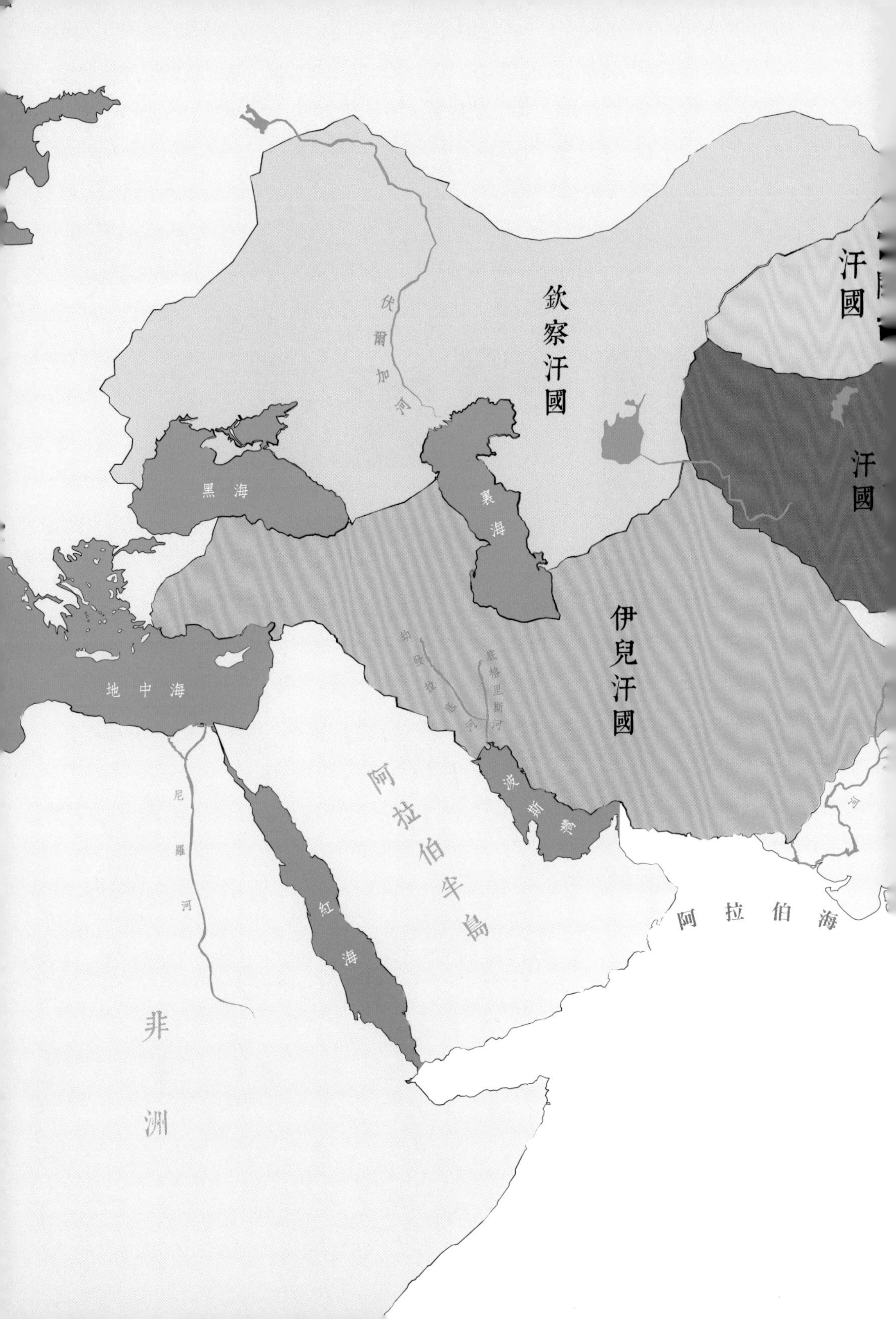

欽察汗國
伏爾加河
汗國
汗國
黑海
裏海
伊兒汗國
地中海
幼發拉底河
底格里斯河
波斯灣
阿拉伯半島
尼羅河
紅海
阿拉伯海
非洲

【成吉思汗後代分佈範圖】

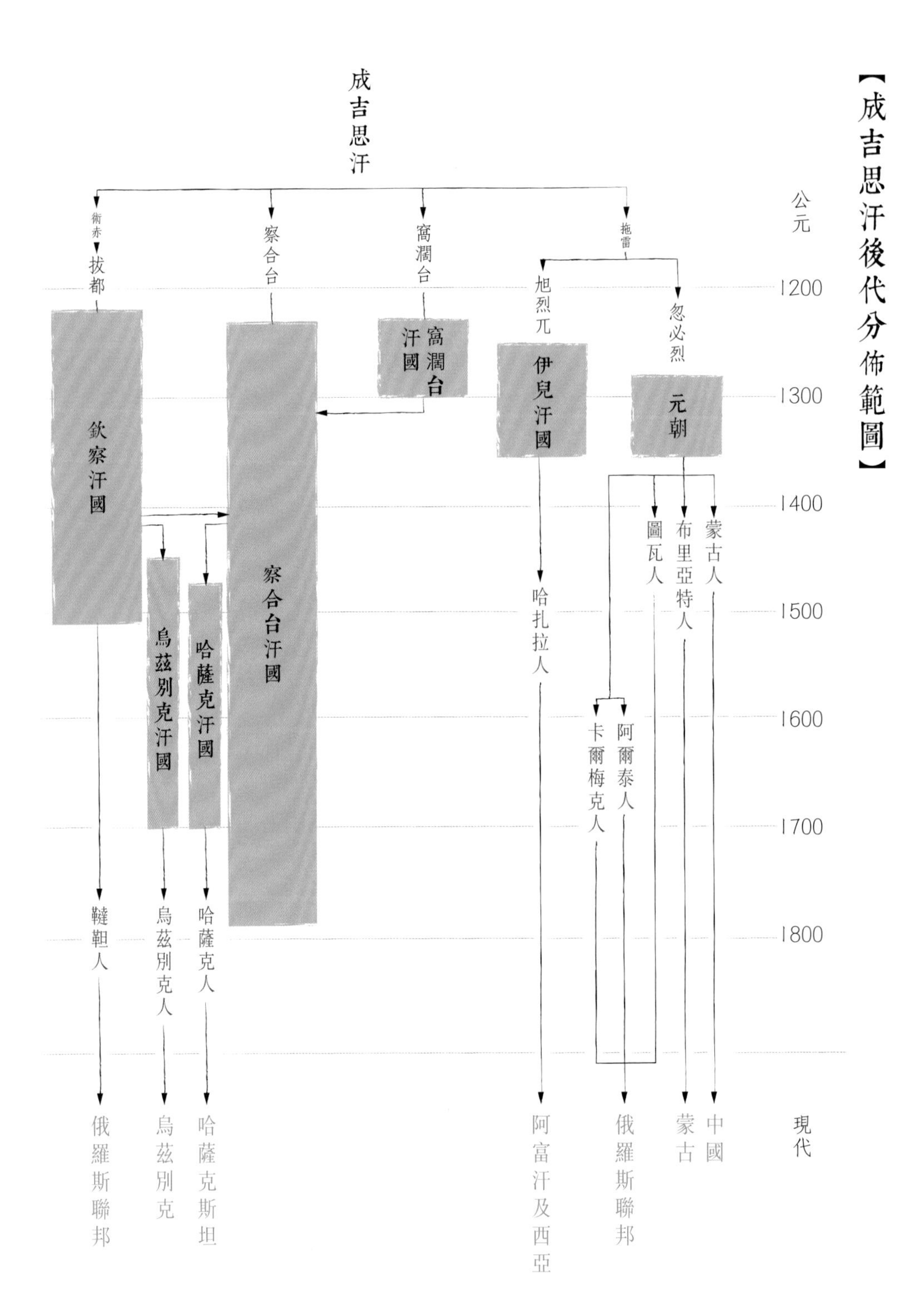
成吉思汗
朮赤
拔都
察合台
窩闊台
拖雷
旭烈兀
忽必烈
公元
1200
1300
1400
1500
1600
1700
1800
現代
欽察汗國
察合台汗國
窩闊台汗國
伊兒汗國
元朝
烏茲別克汗國
哈薩克汗國
哈扎拉人
圖瓦人
布里亞特人
蒙古人
卡爾梅克人
阿爾泰人
韃靼人
烏茲別克人
哈薩克人
俄羅斯聯邦
烏茲別克
哈薩克斯坦
阿富汗及西亞
俄羅斯聯邦
蒙古
中國

安族羣曾西遷達南俄羅斯各地，甚至深入歐洲中部。塞西安族羣對南亞投下的影響更大，如他們進入波斯高原，在公元前後建立了長達五個世紀的安息國（Parthians）。匈奴人及其後繼者匈人，迫逼毗鄰繼安息而起的波斯薩珊王朝，薩珊王朝被逼納重貢於匈人部落，歷時甚久。繼匈人而崛起的突厥，屢入侵波斯。一〇四〇年強大的塞爾柱突厥人卒席捲波斯全境，更成為所有近東和中亞的共主。兩世紀後，塞爾柱突厥在波斯的地位為蒙古人所取代。往後的一個多世紀，波斯成為大蒙古帝國的一部。蒙古帝國崩潰，但帖木兒大帝率領的蒙古突厥重新在波斯高原建立統治權。此後的一個短時期，波斯曾建立本土的朝代，但從一七五〇年到一九三二年，統治波斯的是喀加突厥（Kajar Turks）族。現在統治伊朗是波斯人，但其居民有五分之一以上，仍操突厥語，這是波斯長期受突厥蒙古族統治所留下的結果。

五六世紀，蹂躪波斯的白匈奴，有一支入侵印度，推翻了印度土著王朝笈多帝國（Gupta Empire）。雖則這匈奴人所建帝國存在不久，但深遠影響了印度日後政治社會的階級成份。構成今日印度貴族階級的若干印度教家庭，就是匈奴高級戰士的苗裔。來自蒙古高原對印度的影響尚不限於此。公元一千年，若干突厥武士團侵入印度，自此以後，直到十八世紀英國對印度殖民為止，印度全境都受治於異族統治的伊斯蘭王朝。這些異族的統治者，多數源出突厥。其中最為人所悉知的是莫臥兒王朝（Monguls），其人口成份是由突厥和蒙古組成的。這王朝的統治時期，由一五二六年，以迄於十九世紀。歐洲近代諸多民族國家的形成，不少都牽涉到來自蒙古高原的遊牧民族，如俄羅斯、匈牙利、土耳其，以至東歐斯拉夫國家等。今日所見的歐洲政治地理之形成，追本溯源，是來自蒙古高原遊牧民族在第四世紀以後持續入侵的結果。歐美和日本不少學者強調，近世歐洲之所以構成，全由於來自東亞遊牧民族入侵激蕩的結果。也認為近代世界史之形成，歸因於成吉思汗及其子孫橫跨歐亞非大帝國的建立，而視蒙古帝國建立是造就近代世界史的序幕，而非習說的「大航海時代」。

四面征討的蒙古人在莫臥兒人統治時期，在原蒙古帝國的絕大部分土地上，舊有的蒙古文化幾乎快消失殆盡。蒙古人已經接受了他們所征服的地方人們的生活方式，也已經融入到了被征服者的社會，只有在蒙古故土，蒙古高原和蒙古草原，部分地帶仍能保留着真正的蒙古人和他們的傳統生活方式。

從中國新疆到中亞和西亞各國都有相近的舞蹈。唐代在中國流行的胡騰舞，相信就接近這種舞蹈。這是「絲綢之路」文化傳播的實例。

跋

書稿終於要出版了，也算了卻二十年來的一樁心願。

拙著邀得老朋友魏堅教授百忙之中賜序，真是高興。一方面銘誌我們之間的情誼和文化因緣；另外，他的序言，言簡意賅，畫龍點睛，勾勒出蒙古高原塑造中國和中華民族的歷史發展脈絡，是對草原歷史文化深有造詣的大手筆。序文也不啻成為本書的主題指引。原內蒙古博物館攝影師孔羣先生，二十年來雖訊問不周，當聞懇求照片支援，二話不說，盡量滿足所需。魏、孔二兄對拙稿的援手，正代表內蒙古文博界二十年前結下意氣相投的情誼的延續。

著名內地圖書設計名家寧成春先生，近年雖設計重心轉移到文化藝術，仍應所託，親自操刀，代設計圖書封面，也是感激不已的。至於為此書稿而作出妥善安排和整理的總編輯毛永波先生和責編潘來基先生，都要一併感謝的。希望紀遊之出版，能有益於社會大眾對中國歷史文化的新認識，是所願也。

成吉思汗原鄉紀遊——另一種文明的體驗

作　　者　陳萬雄
責任編輯　潘來基
封面設計　寧成春
出　　版　商務印書館（香港）有限公司
香港筲箕灣耀興道 3 號東匯廣場 8 樓
http://www.commercialpress.com.hk
發　　行　香港聯合書刊物流有限公司
香港新界大埔汀麗路 36 號
中華商務印刷大廈 3 字樓
印　　刷　中華商務彩色印刷有限公司
香港新界大埔汀麗路 36 號中華商務印刷大廈 14 字樓
版　　次　2017 年 7 月第 1 版第 1 次印刷

ISBN 978 962 07 5563 7
Printed in Hong Kong